知识大揭秘

会的忧思

韩志明◎编写

吉林出版集团股份有限公司
全国百佳图书出版单位

图书在版编目（CIP）数据

社会的忧思 / 韩志明编. -- 长春：吉林出版集团股份有限公司, 2019.11（2023.7重印）
（全新知识大揭秘）
ISBN 978-7-5581-6291-6

Ⅰ. ①社… Ⅱ. ①韩… Ⅲ. ①社会学－少儿读物 Ⅳ. ①C91-49

中国版本图书馆CIP数据核字（2019）第003232号

社会的忧思
SHEHUI DE YOUSI

编　　写　韩志明
策　　划　曹　恒
责任编辑　李　娇　赵　萍
封面设计　吕宜昌
开　　本　710mm × 1000mm　1/16
字　　数　100千
印　　张　10
版　　次　2019年12月第1版
印　　次　2023年7月第2次印刷

出　　版　吉林出版集团股份有限公司
发　　行　吉林出版集团股份有限公司
地　　址　吉林省长春市福祉大路5788号
　　　　　邮编：130000
电　　话　0431-81629968
邮　　箱　11915286@qq.com
印　　刷　三河市金兆印刷装订有限公司

书　　号　ISBN 978-7-5581-6291-6
定　　价　45.80元

QIANYAN 前言

人们在社会中生活会形成各种社会关系，也会产生各种矛盾和冲突。如何管理这些社会关系，促进人类的合作和共处，解决人们之间的矛盾和冲突，避免社会陷入混乱和无序，这是社会自身要解决的重大问题。

古往今来，为了建构社会生活的理想秩序，人们进行了长期而艰苦的思考和探索，更用实际行动去实践这些思想。《理想国》《太阳城》《社会契约论》《共产党宣言》这些著作反映了先哲们对于社会秩序的思考。民主、自由、法治、宪政等诸如此类的名词，都深刻地表达了人们对于现实问题的反思，对于社会生活秩序的要求和主张。所有这些不仅凝聚着人类的艰辛思索，更鼓舞和指引了人类的抗争、追求和奋斗。

人类需要有追求和理想。正是因为人类始终没有忘记追求一个正义和有尊严的社会生活，所以才有了废奴运动、非暴力不合作运动、民权运动，以及曼德拉和马丁·路德·金这些伟大的事件和人物。正是因为有了宪法、民主和法治的各种制度，我们才能恰当地安排人类自身和社会生活。无论是社群主义、功利主义，还是环保主义、平民主义，都为理解社会生活提供了钥匙，也为社会发展提供了思路。当然，并非所有的设想都是好的，能带来美好的结果。因此，我们也不应该忘记军国主义、法西斯主义、

种族隔离等给人类带来的痛苦和灾难。

人类只有一个地球，地球是人类共同的家园。当人类从地球上获得生存和发展的资源的同时，地球也已经被人类活动糟蹋得千疮百孔、疲惫不堪。进入工业社会后，人类对地球的破坏变本加厉，对生态环境的破坏更是无以复加。生态环境已经严重恶化，大气污染、水体污染、沙漠化、臭氧层破坏、海平面上升……每一样都深深困扰着人类。在生态灾难面前，不同的人群或国家有得有失，有喜有忧，但从长远看来，每一个人都不能例外，每一个国家都不能例外。人类可持续发展的命运关系你我他，也关系着整个人类的命运和未来。

人类的明天将会是什么样子，谁也没有确切的答案。只有切实有效地努力和行动，才能缓解危机，解决问题，奔向美好的明天。

MULU 目录

第一章 社会的治理

目录 MULU

MULU 目录

目录 MULU

第二章 社会的忧思

MULU 目录

目 录 MULU

第一章
社会的治理

正是因为人类拥有各种各样的理想，我们的精神家园才得以如此缤纷多彩。现实告诉我们世界是什么，告诉我们身在何处；理想告诉我们去向何方，指引着我们前进的方向，理想仿佛天边的启明星，启示我们奔向未来。

《理想国》

《理想国》又译为《共和国》《国家篇》，古希腊哲学家柏拉图的主要著作之一。全书围绕着对正义的分析，阐述了他的理念论和政治、道德与教育学说。他认为，国家如同个人的灵魂，具有理性、意志和情欲，理想的国家也应由与此相适应的三个等级组成。第一等级是统治者，是神用金子做成的，以“智能”为最高的美德；第二等级是武士，是神用银子做成的，以“勇敢”为自己的美德；第三等级是农民和手工业者，是神用钢铁做成的，以“节制”欲望为美德。上述三个等级各安其位，各尽天职，整个国家就会和谐一致，实现正义。

《法律篇》

《法律篇》是古希腊哲学家、思想家柏拉图的著作。他曾在《理想国》中认为应让哲学家当国王，而用法律束缚哲学家。后来，他改变了这种观点，在晚年成书的《法律篇》中说："如果一个国家的统治者不是哲学家，而且在较短的时间内又没有好的办法使统治者变成哲学家，则法治比人治要好，实行法治的国家虽说不上是最好的政治，但却可称之为'第二等好'的政治。"书中阐述了法律的概念、属性和立法的原则，还特别强调法律在治理国家中的重要性。它标志着作者由对抽象典型国家的论述转向对具体制度和法律的分析，对欧洲法律思想的发展起了推动作用。

《太阳城》

《太阳城》由意大利空想社会主义者康帕内拉著，1602年写成，1623年出版。该书描绘了一个美好国家的“太平盛世”（作者的理想社会），抨击了私有制给人们带来的道德堕落，认为要建立道德和幸福的生活，就必须消灭私有制，而要消灭私有制又必须废除一夫一妻制的家庭，因为家庭的存在是私有制和社会不公平的原因。太阳城中，由社会组织生产，实行人人都参加劳动的制度。互相帮助、相亲相爱代替了暴力和残杀，人人都把合乎道德的生活看成最高的幸福。这些思想是早期无产者和贫民对当时社会的不满情绪和对未来社会向往的一种反映，对后来的空想社会主义产生了很大的影响。

《乌托邦》

《乌托邦》是英国早期空想社会主义者托马斯·莫尔的一部名著。“乌托邦”是拉丁语“Utopia”的音译，意为“乌有之乡”。整部著作模仿柏拉图《理想国》的对话体裁，采取文学游记的形式，借一个航海家之口，描绘了一个名叫“乌托邦”的理想社会，揭露了现代社会的种种罪恶，系统地介绍了乌托邦的生活方式，带有浓厚的民主主义色彩。虽然他所描绘的理想社会中有不少与共产主义不兼容的东西，但莫尔仍不愧是一位空想社会主义思想体系的伟大奠基人。

《自然法典》

《自然法典》是18世纪法国空想社会主义摩莱里的代表作。该书认为，几千年来制定和颁布的法律大多是维护私有制的，于是给一切罪恶打开了大门，必须铲除私有制。书中确定了一套在公有制基础上完整的“符合自然意图”的法律体系。谁违犯这些法律，不分等级和地位都要受到惩罚。主张在对青少年进行基础教育和技术训练时，还要对他们进行道德和法制教育。为了使人民了解并监督执行，“所有这些法律都要分章雕刻在每个城市的公共广场圆柱或尖顶上”。它是空想社会主义学说发展中最早提出的一部社会主义法典，对后世的空想社会主义者有很大的影响。

《社会契约论》

《社会契约论》是18世纪法国启蒙思想家卢梭的名著。中心内容是以民主共和、人民主权两个论题为武器，猛烈抨击封建专制。围绕这一中心，卢梭论述了一系列法律基本理论：法律是人民公共意志的体现；法律与自由是一致的，人人遵守法律才能给人们以享受自由权利的安全保障等。主张立法必须遵循下列原则：必须为人民谋取最大幸福；立法权必须由人民掌握；由贤明者具体承担立法之责任；要注意各种自然的社会条件；既要保持法律的稳定性，又要适时修改、废除不好的法律条文。该书是资产阶级政治法律学说史上的经典著作之一，是资本主义政治法律制度的一块重要基石。

《汉穆拉比法典》

《汉穆拉比法典》也叫《石柱法》，公元前 18 世纪古巴比伦王国国王汉穆拉比颁布。原文被刻在黑色玄武岩圆柱上，使用楔形文字，1901 年在埃兰古城苏萨（今伊朗迪兹富勒西南）被发现。今存巴黎卢浮宫博物馆，是世界上迄今完整保存下来的最早的一部法典。全文共 282 条，包括诉讼手续、财产权、损害赔偿、租佃关系、债权债务、婚姻家庭、继承以及买卖奴隶等内容。法典对赫梯、亚述、新巴比伦和波斯等国的成文法律产生过一定的影响，亚述法和希伯来人的摩西法律更是导源于或直接采用《汉穆拉比法典》。

《查士丁尼法典》

《查士丁尼法典》由东罗马帝国皇帝查士丁尼下令编纂，故名。查士丁尼 527 年即位，即位次年，任命大臣 10 人（后为 16 人）组成委员会着手编纂罗马帝国的法律。529 年《查士丁尼法典》颁布施行，534 年修订后再度颁布，共 12 卷。在修订《查士丁尼法典》之后至查士丁尼死前的 30 年中，他所发布的敕令后世称为《查士丁尼新敕》。

《拿破仑法典》

《拿破仑法典》指《法国民法典》，1804年拿破仑加冕称帝，强化中央集权，镇压波旁王朝复辟势力，颁布《法国民法典》。因法典由拿破仑任第一执政时主持制定，故1807年改称《拿破仑法典》，1816年恢复原名，1852年再度改称《拿破仑法典》，1870年后，习惯上用原名《法国民法典》。该法典经过100余次修订，迄今仍在法国施行。

国体与政体

国体指国家的阶级性质，即社会各阶级在国家中的地位。任何国家都是一定阶级的专政，不同阶级的专政形成不同的国体。政体则是国家政权的组织形式，指统治阶级采取适当形式去组织反对敌人、保护自己的政权机关。政体与国体相适应，国体是国家的阶级本质，政体是其表现形式，没有适当形式的政权机关就不可能代表国家。不同类型的国家可以有不同的政体。中国的国体是人民民主专政，政体是人民代表大会制。

中央集权制

中央集权制是国家权力集中统一于中央政府的行政管理制度。在这种制度下，地方政府一律服从于中央政府，地方政府不论是由中央政府任命还是由地方选举产生，都必须执行中央政府的法律、政策、指示。欧洲从16世纪开始建立封建君主制的统一的中央集权国家，曾促进过民族的统一、国内市场的形成、经济政治的发展。中国自秦汉以后一直实行中央集权制，维护了民族的统一和文化的整合。

联邦制

联邦制是国家结构形式的一种，是“单一制”的对称。由几个成员国联合组成的统一国家，是国际法的主体，设有最高立法机关和行政机关，有统一的宪法和法律，由联邦行使国家的立法、外交、军事和财政等主要权力。各成员国按照联邦宪法的规定，设有自己的立法机关和行政机关，有自己的宪法和法律，在自己管辖的区域内行使职权，领导地方各级政府。成员国的公民除具有自己的国籍外，同时还具有联邦的国籍。最高立法机关实行两院制的联邦国家，通常有一个院由成员国选派代表组成。由于中央集权的加强，有的联邦制国家几乎与单一制国家没有多大区别了。

君主制

君主制是以君主（国王、皇帝、大公、苏丹和沙皇等）为国家元首的政体形式，共和制的对称。原指由个人掌握最高国家权力的政体。在西方，君主制一词源于希腊文，意为“全部最高的权力”或“单独一人的统治”。在君主制下，君主一般是世袭的，终身任职。君主制的具体形式并不划一，也不是一成不变的。根据君主的权力大小，可分为无限君主制和有限君主制。在资本主义时期，君主制是资产阶级对封建贵族妥协的产物，主要表现形式为君主立宪制。君主制在当代已日趋衰落。

共和制

共和制是国家代表机关或国家元首由选举而产生的一种政治制度。在奴隶制度下，古希腊和古罗马都曾出现过民主共和国或贵族共和国，政治权利主要为少数贵族所享有，奴隶和其他劳动者均被剥夺。在资本主义制度下，共和制有议会制和总统制两种形式。政府（内阁）由议会负责的国家称议会制共和国。总统由选举产生并直接领导政府，不对议会负责的国家称总统制共和国。资本主义国家的共和制是资产阶级专政的主要形式。在社会主义制度下，按民主集中制原则建立的社会主义共和国，是工人阶级领导的人民当家做主的新型国家，是实现无产阶级专政的最好形式。

三权分立

三权分立是西方社会的一种根本性的政治制度，反映了国家权力的分配以及权力机关的相互关系。首先由英国的洛克创立，后为法国的孟德斯鸠所阐发，最早为美国、法国宪法确认，后为其他资产阶级国家所普遍采用。这种制度把权力分为立法、行政、司法三部分，分别由议会行使立法权，总统或内阁行使行政权，法院行使司法权。三个权力机关在行使权力过程中保持相互牵制、相互制衡的关系，因此，三权分立包含分权和制衡两个原则。

议会

议会也叫国会，起源于英国。资本主义国家的议会是最高立法机关，享有立法和监督政府等广泛的权力，与行政机关、司法机关并立，而称之为三权分立制度。其成员全部或部分由直接或间接选举出来的议员组成。资产阶级国家的议会一般采用两院制（比如美国的众议院和参议院），少数采用一院制。它是资产阶级民主制度的一个重要组成部分，是代议制民主的典型形态。在近代和当代的历史上，议会发挥了巨大的作用。有些社会主义国家的最高权力机构虽然也采用了议会这个名称，但它的性质、职权以及产生的方法都和资本主义国家的议会不同，实质上是人民代表会议。

无冕之王

无冕之王是对新闻事业在社会中所处地位的一种看法。18 世纪末，美国《独立宣言》起草人、美国总统杰弗逊提出，自由报刊是应对行政、立法、司法三权起制衡作用的第四种权力，用以说明新闻事业在国家和社会中所起的重要作用。此后，这一说法为世界上一些国家所采用。例如，1980 年 4 月，埃及总统萨达特宣布要把新闻机构建成独立于国家立法、行政、司法之外的“第四种权力机构”，后以国家法律的形式将其固定下来。而在西方一些国家，鉴于新闻记者在社会生活中的特殊地位，人们通常称之为“无冕之王”，以体现“新闻自由”在西方世界的力量。

政党政治

政党政治指在两党制及多党制国家，通过议会或总统竞选，由获胜的政党执政或联合执政的政治制度。政党政治产生于自由资本主义时期，现在仍然是多数资本主义国家所实行的重要政治制度之一，通常每隔几年定期改选一次。实行议会制的国家，由在议会中获得多数席位的政党或政党联盟的领袖组织政府。实行总统制的国家，各政党提出总统候选人进行竞选，而后由当选总统组织政府。掌权的政党称“执政党”或“在朝党”，未参加政府的称“在野党”。

自然法

自然法是早期斯多噶学派提出的概念。其基本含义：自然法是存在于实在法之上的并指导实在法的基本法则，是宇宙间自然存在、普遍适用、永恒不变的行为规范。中世纪的经院哲学家和神学家将自然法解释为神的意志，即上帝意志。在17、18世纪资产阶级革命时期，一些思想家如格劳秀斯、霍布斯、洛克、孟德斯鸠、卢梭等反对对自然法的神学解释，认为自然法是人类理性的体现，实在法必须符合自然法。20世纪之后，出现了“新自然法学派”，认为自然法是一种社会理想，是用于衡量实在法是否正义的一种广泛标准，主要人物有施塔姆勒、夏蒙、富勒等。

大陆法系

大陆法系又称“罗马法系”“民法法系”“法典法系”，是以古代罗马法、特别是以19世纪初《拿破仑法典》作为传统而产生、发展的法律的总称。罗马法系传播的地区非常广，包括法国、德国、瑞士、意大利、比利时、卢森堡、荷兰、西班牙、葡萄牙以及亚非拉的部分法语地区。其主要特点：强调成文法的地位和作用，认为成文法为法的主要形式，是本国法律的基础，判例在这些国家中一般不具有法律效力，仅作为法官在审理案件时的参考。

普通法系

英美法系亦称“英吉利法系”或“普通法系”。英国普通法的主体是以司法判例为基础，并体现在判例汇编之中。普通法起源于中世纪早期各地方法院的判决，这些判决在解决日常争端中所运用的是惯例和推理，间或依靠正式的法规，后来发展成为美国和英联邦各成员国现代法律的来源。在英国普通法发展的历史过程中，成文法和衡平法也兴盛起来。因此，古老的普通法、成文法和衡平法组成了一个完整的英国法律体系。属于英美法系的有英国、美国、澳大利亚、新西兰、加拿大以及亚、非采用英语的国家和地区的法律制度。

公法和私法

公法和私法是资产阶级法学家对法律分类的一个用语。最早由古罗马的法学家乌尔比安提出，后为资产阶级法学家广泛使用。对公私法的划分有多种理解。例如，有的认为凡以保护公共利益为目的的法律为公法，以保护私人利益为目的的法律为私法；有的认为法律关系主体双方均为私人或团体者为私法，法律关系主体的一方或双方为国家或公共团体者为公法。也有少数人不主张做此划分。说法虽有不同，但通常都把宪法、行政法、刑法等归于公法，民法、商法等归于私法。

判例和判例法

法院可以援引作为审理同类案件依据的判决，是法的渊源之一。中国历史上的决事比、例、断例等，都是判例。如《大清律例》集中了 1892 条判例作为审理案件的依据，其例的效力甚至大于律。判例也是英国法的主要渊源之一。仿照英国法而建立的美国和其他国家的法也都把判例作为法的重要渊源之一。法、德等欧洲大陆国家，立法、司法在形式上严格分开，判决只是适用法律的结果，不能作为法律本身，不具有普遍约束力。在社会主义国家，判例不作为法的渊源，只具有参考价值。

宪法的来历

“宪法”一词最早是从拉丁文翻译过来的，原意有三种：“组织”“确认”“结构”。“宪法”这个词在中国古籍中早有记载。如《尚书》中的“监于先王成宪”，《国语》中的“赏善罚奸，同之宪法”等。在欧洲，“宪法”最早被用于古罗马帝国的立法中，表示皇帝颁布的“敕令”“诏令”等，并用来区别市民会议通过的法律文件。当时并非指国家根本法。但这些“宪”或“宪法”都是指国家的一般法律，多具有刑法之意，不是指国家根本法。作为国家根本法的宪法是 17、18 世纪随着资产阶级革命取得胜利后才出现的。

代议制民主

代议制民主指西方国家的议会民主，即通过选举形式产生议员或代表人物组成各种代议制机构，以管理国家大事的民主形式。其理论基础是生存、自由和私有财产不可侵犯的天赋人权。主要内容包括：公民享有普选权和言论、出版、结社和集会自由，公民通过议会选举，组织和监督政府，即民主政府和以平等为基础的生活方式。

有限政府

政府在权力、职能、规模上是否受到宪法和法律的约束和限制，是区别有限政府和无限政府的依据。与无限政府相对，有限政府是指政府自身在规模、职能、权力和行为方式上受到法律和社会的严格限制和有效制约。有限政府的国家治理模式必须只能是法治。政府被看成一个相对独立的实体，是与社会和个人利益相分离的一套机构和运行过程。在有限政府模式下，政府对经济生活的权力受到限制，而且还存在于政府与社会的关系之中。有限政府的根本原则始终是：政府权力的形式必须受到法治的限制。有限政府的着眼点就是自由制度的实质，即严格限制政府的权力，保障个人不可侵犯的权利。

人治

人治是与法治相对立的一种社会管理模式。人治认为良好的治理关键在于挑选出贤人或能人，通过贤人的安排就可以形成良好的社会秩序，因此，古希腊的柏拉图就希望由哲学王来治国，而古代中国儒家盼望有圣人出现。人治是专制独裁的产物，伴随着个人的喜怒无常，往往出现“人存政举，人亡政息”的恶性现象。人治管理容易造成独断领导、以言代法、以权代法、无视法律的作用，一切以领导者个人的意志为转移。虽然一定条件下可能会出现较高效率，但更容易导致腐败、责任丧失、监督无效的后果，致使社会极不稳定。

法律面前人人平等

法律面前人人平等指人人平等地享有法律规定的权利，平等地承担法律规定的义务，不允许任何人有超越法律的特权。其基本精神是：要求国家机关工作人员和公民的一切活动都应合法，对任何违法行为，不论是谁都要追究法律责任。古希腊的政治思想家提出过类似的口号，但作为法制的一个原则是在资产阶级革命时期提出来的。中国宪法中也规定了该项原则。1954 年宪法中规定，“公民在法律上一律平等”；1982 年新宪法又明确规定，“中华人民共和国公民在法律面前一律平等。任何公民享有宪法和法律规定的权利，同时必须履行宪法和法律规定的义务。”

德治

德治是儒家的政治伦理思想，主张以道德教化来维持政治统治。西周时期就已出现德治思想的萌芽，周朝的统治者认为只有修德才能常保天命不再转移，使政权得以巩固。在春秋时期，孔子明确地提出德治主张。他认为统治者应当是有德之人，唯有这样的人才能有效地治理民众，实现长治久安。他还提出，君主治理国家不能仅仅依靠行政法律手段，还应当辅以教化。政和刑只能使人不敢犯罪，德和礼则能使人知耻归心。他认为德治比法治更有力量。孔子的德治思想经后来儒家的阐扬和发挥，成为中国封建社会最有影响的传统观念之一，受到历代统治者的重视。

法治

法治是相对于人治而言。在中国，最早出现于春秋战国时期，主要代表人物为韩非，他提出“以法为本”的思想。古希腊的亚里士多德给法治下过的定义为“法治应含两种意义：已制定的法律获得普遍的服从，而这种被普遍服从的法律则是制定的最好的法律”。法治三原则为：第一，根据“法治”原则，立法机关的职能在于创设和维护法律，使每个人保持“人类尊严”的各种条件。第二，法治原则不仅要对制止行政权的滥用提供法律保障，而且要使政府能有效地维护法律秩序，借以保证人们具有充分的社会和经济生活条件。第三，司法独立和律师自由是实施法治原则必不可少的条件。

武王將素甲三千戰一日而破紂之國禽其身據其地而有其民天下莫傷知伯率三國之衆以攻趙襄主於晉陽決水而灌之三月城且拔矣襄主鑽龜筮占兆以視利害何國可降乃使其臣張孟談於是乃潛於行而出知伯之約得兩國之衆以攻知伯禽其身以復襄主之初今秦地折長補短方數千里名師數十百萬秦國之號令賞罰地形利害天下莫如也以此與天下天下可兼有也臣昧死願望見大王言所以破天下之從舉趙亡韓臣荆魏親齊燕以成霸王之名朝四鄰諸侯之道大王誠聽其說一舉而天下之從不破趙不舉韓不亡荆魏不臣齊燕不親霸王之名不成四鄰諸侯不朝大王斬臣以徇國以為王謀不忠者也

韓非子卷一　五

存韓第二

韓事秦三十餘年出則為扞蔽入則為蓆薦（出貢以供若蓆薦居）入秦特出銳師取韓地而隨之怨懸於天下功歸於彊秦且夫韓入貢職與郡縣無異也今日臣竊聞貴臣之計舉兵將伐韓夫趙氏聚士卒養從徒欲贅天下之兵（贅綴連也）明秦不弱則諸侯必滅宗廟欲西面行其意非一日

民主

民主是专制的对称。它既是一种观念，又是一种制度。作为一种观念，民主意为西欧近代启蒙学者提出的“主权在民”“法律面前人人平等”的政治文化；作为一种制度，它产生于古希腊由自由民掌握的国家政权。古希腊的雅典，由成年男性公民组成的民众大会是最高权力机关，定期讨论表决城邦大事。近代以后的西方国家实行的民主制度，其标志是实行普选和议会制，公民在形式上享有言论、出版、信仰、集会自由等权利。社会主义国家实行少数服从多数的民主集中制。一般而言，民主观念和制度都包括三个原则：人民主权原则、权利平等原则和少数服从多数原则。

绝对民主

绝对民主是民主的绝对化，也称极端民主。它是无政府主义的主要内容之一，最早是由无政府主义者先驱施蒂纳和蒲鲁东提出来的。它也是资产阶级个人主义思想的一个重要表现，要求个人主义的民主，往往把民主绝对化。有这种思想的人一般只讲民主，不谈专政；只要民主，不要集中；强调民主，反对党的领导；割裂民主与法制的关系等。这种思想和行为必然会造成极端民主化和无政府主义的泛滥。

绝对自由

绝对自由即把自由绝对化，也称无限制自由。这是一种小资产阶级的幻想。法国小资产阶级社会主义者、无政府主义创始人蒲鲁东就曾提出要建立一个没有国家、没有权力、人人绝对自由的社会。有这种思想的人，只要自由，不要纪律；只讲权利，不讲义务。他们没有看到，在人类社会中，自由从来都是相对的，不存在不受任何限制的绝对自由；一个人的自由必须以不妨碍他人，根据法律所规定享受的自由权利为前提。这种思想和行为是严重危害人类自由和文明发展的。

多数裁定原则

多数裁定原则有两种用法：一种是在意见分歧的情况下作出决定的一种方法，即多数规则；另一种是由人民中的大多数来统治国家，又称多数统治。多数裁定原则既可以分为绝对多数规则和相对多数规则，也可以分为简单多数规则和限定多数规则。多数裁定原则的理论假设为：集体智能超过个人的智能，正义在多数人一边，人民主权就是多数人主权。多数裁定规则是简便易行的民主规则，它构成了民主社会公共决策的制度基础。

直接民主

直接民主是政治决策的权力取决于全体公民而不通过诸如党派这样的政治组织来作为中介的政治形式。在公元前5世纪的希腊，许多城邦国家就是直接民主的实例，17、18世纪美国的镇民大会是较近的实例。直接民主适合存在于政治单位比较小，足以实行直接民主的地方。而与之相比较而言，代议制的民主把政治决策权赋予代议员或公民选举出来的代表。有一些国家把代议制民主和适度的直接民主结合起来，把某些问题通过公民投票的方式交由全体公民表决裁定。

间接民主

间接民主与直接民主相对，指的是公民通过由自己同意所选举出来的代表来负责制定法律和管理公共事务。间接民主又称为代议制民主，即人民通过其代表来进行统治，而不是直接进行统治。在间接民主条件下，其代表应该是为人民的利益而服务的，因此，需要一整套的监督机构来对人民的代表及由此产生的政府进行监督和防范，以免代表滥用权力危害广大人民的利益。实行间接民主有利于防止人民的一时冲动而作出决策，同时对于人口众多或区域宽广的国家也是一种现实的选择。

民主的“三次浪潮”

亨廷顿在《第三波——20世纪后期民主化浪潮》一书中认为，迄今为止，民主化先后已经历了三次大的发展。第一波民主化起源于美国革命和法国革命。此次民主化主要表现在民主制度在国家层次上广泛推行，它以投票资格的确定和对行政官员的约束力为主要标记。第二波出现于第二次世界大战后，当时盟军在其占领的各国，如德国、意大利、奥地利、日本、韩国大力推行民主化改革，同时，捷克、匈牙利以及第三世界各国也积极进行了民主化改革或革命。第三波浪潮起源于南欧的葡萄牙，其表现为各国纷纷推翻本国的独裁统治或过于集权的政府，其范围涉及全球。

投票

投票指个人在互相竞争的政策或候选人之间表示其倾向的行为。投票可以通过声音、手势、书面表达、电子信号来体现，甚至可以由站在一边而不是另一边来表达，就像英国下议院投票时，议员可在“赞成厅”与“反对厅”中选择。人们往往将这种就某项政策或观点表示同意与否的方式称之为用手投票。在共同体中，用手投票，其政策后果不管如何，投票人将愿意承担。但是，当团体的成员不赞成本团体的观点或政策，他可选择退出该共同体，加入别的共同体，从而放弃共同体成员的资格。

全民公决

全民公决亦称“全民投票”“公民投票”，指用全国公民直接投票的办法来决定国家大事的一种法律方式。通常在国家政局发生变化、各派政治力量斗争尖锐复杂的情况下采用。它是一项十分古老的法律制度，早在古罗马时期就已采用。提交公民投票决定的是涉及国家政治制度、国家结构、国家领土变更、国家名称、对内对外的重大政策法律等问题。在国际法上，能够自由地表示自己真实意愿的公民投票被认为是变更国家领土、决定民族独立、建立新国家等的合法形式。

公民创议

公民创议是西方发达工业社会的一种现象，它认为人民有能力分辨、处理其自身的事务。公民创议是公民就某一问题进行全国性或区域性的表决，反映了公民的普遍意向，并且具有自发性，没有确定的组织机构或政党组织，因此，它是纯粹民主的。在西方许多国家，如瑞士、瑞典，公民创议都有明确的法律条款予以规定。公民创议是许多新问题特别像反核运动这样的生态问题出现的结果，它一般盛行于西方发达国家，通常是中产阶级投票者的一种工具，并且常常可以通过这一行动来影响公共舆论，引起社会的关注和重视。

不信任案

不信任案亦称“不信任决议案”，是指议会制国家对政府（内阁）表示不信任的议案。这是西方国家以议会实行监督的一种形式，通常是在议会中有相当一部分议员不同意政府的政策和施政方针时提出。不信任案如果在议会得到通过，政府必须全体辞职，或者依法提请国家元首解散议会，进行改选，由新的议会决定政府的去留。

弹劾

弹劾是国家专门机关对国家官吏的违法失职行为进行检举揭发和提请惩处的活动。中国古代设有御史或监察御史，负责对违法失职官吏进行检举揭发，并提请帝王给予惩处。在资本主义国家，一般由议会下议院行使弹劾权。最初施行于英国，后为资本主义国家普遍采用。按照法律规定，弹劾案一经成立，即由下议院移送上议院或法院进行审理。

罢免

罢免指在公共官员的任期届满之前，选民用以撤免其职务的程序。在一个规定了政权分立的立宪制度中，罢免提供了一种替代议会不信任投票的方法。要罢免一名官员，首先要有一定比例的选民签名的请愿书。接着进行一次特别投票以决定该官员是否应该离职。如果罢免被通过，继任者或者在同一次投票中选出，或者由随后的选举产生。罢免活动并不总是成功的，但它提供了对官员滥用职权进行监督的可能性。

质询

质询亦称“质问”，指国家代议机关的代表对国家机关及其公职人员职权范围内的事情提出质问并要求答复。中国法律规定，全国人民代表大会代表和全国人民代表大会常务委员会委员有权依照法律规定的程序向国务院及其所属部门提出质询；地方各级人民代表大会代表有权向本级人民政府和它所属各工作部门以及人民法院、人民检察院提出质询。受质询的机关必须负责答复，以利于发挥各级人大对国家机关的监督作用。

权利

“权利”是“义务”的对称。在法律意义上，权利指法律赋予人们为一定行为或不为一定行为以及要求他人为一定行为或不为一定行为的能力。当权利人因他人的行为妨碍其权利实现时，有权请求国家强制机关保护。权利包括政治权利、经济权利、文化权利、刑事权利、民事权利和司法诉讼权利等。法律把民事权利分为绝对权（所有权）和相对权（债权）、主权利和从权利、财产权和人身权等。从广义上看，权利也泛指社会组织章程规定的其成员的权利。

主权

主权一词是由中世纪的拉丁文“最高权力”派生而来的，是国家不可缺少的属性，指国家固有的在其领土范围内独立自主处理其对内对外事务的最高权力。任何国家都有权按照自己的意愿，根据本国的情况，选择自己的社会制度、国家制度，组织自己的政府，独立自主地处理本国的内部和外部事务。国家主权包括政治主权、经济主权、领土主权、属人主权和对外主权等。国家主权不可分割和让与，不受其他国家干预，也不从属于外来的意志。这种权力在国内是最高的，在国外是独立的。主权是国际法主体的主要标志。

财产权

财产权简称“产权”，是“人身权”的对称，是直接跟经济利益相联系的权利。根据民事法律关系产生的财产权主要是所有权、债权和继承权。根据其他法律关系也可产生财产权，如由婚姻家庭关系产生的夫妻对家庭财产的共有权利，父母子女间取得赡养、抚养费的权利，由劳动法律关系产生的领取劳动报酬的权利等。这些财产权和人身权紧密联系，通常只能自身享有，不可转让。政治学上的财产权具有非常重要的政治价值和经济价值，是健康社会必不可少的一项内容。

不歧视原则

不歧视原则在人权领域指个人所享有的权利和自由不因民族、种族、肤色、性别、语言、宗教、见解、国籍、出身、财产和出生等而有所区别。这是国际人权文书中所规定的一条共同原则。《世界人权宣言》规定："人人有资格享受宣言所载的一切权利和自由，不分民族、种族、肤色、性别、语言、宗教、见解、国籍、出身、财产和出生或其他身份等任何区别。"为消除种族歧视和对妇女的歧视，联合国主持制定了专门公约。

平等保护

在一些国家的宪法中可以找到平等保护这个概念，不同法律制度对其有不同的理解。如美国宪法中的平等保护条款，它的范围随最高法院解释方式的改变而改变。不能仅仅由于许多法律在某种程度上把人们分了等级就宣布它们违宪。因此，一个重要的因素就在于最高法院提出的与立法相关的监督标准。最高法院可以认为某种分等是必要的，因而并不违宪，它也可以通过专门性的法律条款或相关规定表达出来。另外，最高法院还可根据社会需要作出差别对待。

等级制度

等级制度是奴隶社会和封建社会的统治阶级在法律上规定的等级差别和特权制度。在中国奴隶社会，等级制度、分封制度和宗法制度是紧密结合的，诸侯有公侯伯子男五等级。封建社会的等级制度仍然与宗法制度相结合，按秩禄权位的高低，由皇帝臣僚以至大小官吏排列身份等级。等级愈高，享受的特权愈大。对平民也分等级，如唐代分良人与贱民，贱民又分部曲、杂户、官户、奴婢等。良贱禁止通婚。元代分蒙古人、色目人、汉人、南人四等。等级制度是生产资料私有制的产物，是阶级社会的特有现象。

《独立宣言》

《独立宣言》是北美13州英国殖民地人民不堪忍受英国的殖民主义统治，于1775年掀起反英武装革命，宣告独立的纲领性文献。《独立宣言》由托马斯·杰弗逊起草。它在历史上首次以政治纲领的形式，提出了资产阶级关于“天赋人权”和“人民权利”的主张。《独立宣言》庄严宣告：“人人生而平等”，每个人“都有生命自由权和追求幸福权”，提出殖民地独立是“合法”的，是“尊重人类公意”的正义行动，并向全世界庄严宣告，北美13个殖民地与英国断绝一切隶属关系，成立“美利坚合众国”。

美国宪法

1781 年，美国制定第一部宪法，即《邦联条例》。根据《邦联条例》，邦联政府权力有限，没有总统。1786 年，各州要求召开会议，制定新的宪法，加强统一的中央领导机构。1787 年 5 月，各州代表在费城召开制宪会议，历时 3 个多月，通过了美国宪法草案，1789 年正式生效。美国宪法以中央集权为主、地方分权（州的独立性）为辅，规定了国会、行政机关、总统、司法机关和州的有关职权，以及宪法修订、国家债务和缔结条约等问题。美国宪法的三权分立和制衡原则对西方资产阶级国家的宪法产生了巨大的影响。

《人权法案》

《人权法案》指美国宪法第一次修正案。1789 年通过，1791 年施行，共 10 条。这是对 1787 年宪法关于人权的补充规定，如规定人民享有言论、宗教、出版、集会等自由，以及人身、住宅、财产不受非法侵犯等权利，还禁止书刊检查，没有正式命令不准逮捕、侦讯，禁止过重的罚金和酷刑等。美国各州宪法也有类似《人权法案》的规定。

废奴运动

废奴运动是美国人民要求废除奴隶制的资产阶级民主运动。早在殖民地时代和独立战争时期，富兰克林、杰弗逊就已提出废除奴隶制的主张。1832 年，白人废奴主义者加里森创建“新英格兰反奴隶制协会”，宣传用“道德说教”的方式废除奴隶制。翌年，黑人废奴主义者道格拉斯等创建“美国反奴隶制协会”，主张无偿地立即解放一切奴隶，各民族应享有一律平等权利，并秘密组织黑人奴隶逃离南方。1840 年，废奴运动进入高潮。1862 年 9 月 22 日，林肯政府颁布《解放黑奴宣言》，标志废奴运动的终结。

民治、民有、民享

民治、民有、民享是美国总统林肯提出的纲领性口号，也是他对所谓全民政治要义的概括。意即一切为人民所共有，一切为人民所治理，一切为人民所享用。1863 年 11 月 19 日，在葛底斯堡战场举行国家烈士公墓落成典礼时发表的演说中提出。当时美国正在进行南北战争，这个口号顺应发展资本主义的历史要求，对废除黑奴制、瓦解地主经济和解放生产力起到了促进作用，并对后来的资产阶级政治产生了一定的影响。

《人权宣言》

《人权宣言》是18纪法国资产阶级革命的政治纲领，1789年8月26日由制宪议会通过。《人权宣言》共17条，概括了18世纪启蒙运动和美国《独立宣言》的政治思想和主张，宣布“天赋人权”，“人们生来是而且始终是自由平等的”；宣布“主权在民”，“任何团体、个人都不得行使主权所未明白授予的权力”；宣布法制原则，法律高于一切权力，“在法律面前，所有的公民都是平等的”；宣布三权分立原则；宣布财产权原则，“私有财产是神圣不可侵犯的”。《人权宣言》以法律的形式将资产阶级自由、平等、民主思想和原则确定下来，沉重地打击了封建专制制度。

自由、平等、博爱

自由、平等、博爱是18世纪法国资产阶级在革命时期提出的政治口号。17、18世纪资产阶级启蒙思想家已传播了关于自由、平等、博爱的社会政治思想，到1702年9月，法国宣布为共和国时，才提出“自由、平等、博爱”的完整口号。资产阶级革命初期，这一口号在吸引劳动群众反对封建专制主义的斗争中起到了积极作用，但它毕竟是资产阶级为发展资本主义和确立资产阶级统治的需要在意识形态方面的反映。

人民主权论

人民主权论是17、18世纪西欧资产阶级启蒙思想家提出的一种政治理论。资产阶级激进民主主义者卢梭第一次完整地论述了国家主权属于人民的思想。其基本内容是：国家主权永远属于人民，反对把主权转让给君主；国家主权是不可分割的，反对三权分立；主权是绝对的、最高的、神圣不可侵犯和不可代表的；政府只是依据人民意志和利益而建立起来的管理公共事务的机构，必须以公共利益来指导自己的行动，其一切权力都来自人民，一切活动都受人民的监督。

《论法的精神》

孟德斯鸠的主要著作《论法的精神》于1748年出版，内容涉及政治、经济、法律、教育、伦理道德等。作者在书中论述社会现象的规律，政治制度改变的原因，强调地理条件是决定政治制度和社会生活的基本因素。把政体分为共和政体、君主政体和专制政体。他反对封建专制制度，宣扬英国的君主立宪制度。认为大家只有按照法律办事，才能有政治自由，而要保证这种自由，就要分权。主张立法、行政、司法三权由议会、国王、法官分别掌握，彼此分工，相互制约，以实现“法治”。该书当时被资产阶级称为“理性自由法典”，成为资产阶级反对封建专制的思想武器。

巴黎公社

巴黎公社是法国无产阶级在1871年建立的革命政府，世界上第一个无产阶级专政的政权。1871年3月18日巴黎工人起义，夺取了政权，3月28日巴黎公社宣告成立。公社以暴力革命打碎资产阶级国家机器，建立以无产阶级民主集中制为基础的新型国家政权。它以全民武装（国民自卫军）代替常备军，实行政教分离，但由于无产阶级在政治上还未成熟，公社没有马克思主义政党的领导，没能建立工农联盟，也没能坚决镇压反革命，致使公社失败。巴黎公社虽仅存在了72天，但它在无产阶级和被压迫人民斗争史上却占有极其重要的地位。

“十四点计划”

第一次世界大战时，美国总统威尔逊于 1918 年 1 月 8 日提出了十四点和平方案，又称“十四点计划”。认为美国应当以第一次世界大战为鉴，采取更加积极的帮助欧洲盟国的方针，在消除原轴心国的侵略根源的同时避免新的左翼“极权主义”的扩张，主要途径是自由主义国家的国际合作并加强联盟与国际组织的合作。“十四点计划”包括公开外交、海洋自由、全面裁军、消除贸易障碍、公正处理殖民地争议、恢复比利时、撤出俄罗斯领土以及国际联盟的建立、民族自治、建立独立波兰国等。

全球化

全球化是被广泛使用的用语，它很大程度上描绘了当代世界政治经济关系发展的重要趋势，自身却没有一个确切清晰的定义。它的基本含义是随着科学技术的飞速发展，尤其是信息技术和交通工具的迅猛发展，随着国家间经济贸易活动的频繁，国际交往不断增多，世界各国出现了更高程度的相互依赖、相互影响，甚至是某种程度上的趋同或一致。任何民族国家的政治行为都不再是单纯的个别行为，而是作为国际社会整体中的一个部分，与其他各国紧密联系在一起。

国际联盟

国际联盟亦称“国际联合会”，简称“国联”。第一次世界大战后，根据巴黎和会通过的《国际联盟盟约》建立的普遍性的常设政治性国际组织，1920 年 1 月正式成立，总部设在日内瓦。该组织标榜的宗旨为：“促进国际合作，维护国际和平与安全”，但实际上是帝国主义推行侵略政策、重新瓜分殖民地的工具。其主要机构为：大会，行政院，秘书处，国际常设法院，国际劳工局等。先后加入该组织的国家共 63 个。美国原为一个倡议国，因与英、法争夺领导权失败而未加入。第二次世界大战爆发后，该组织瓦解，1946 年 4 月宣告解散。

联合国

根据1945年6月签订的《联合国宪章》，联合国于同年10月24日正式成立。其宗旨是维持国际和平与安全，发展各国以尊重人民平等权利和自决原则为基础的友好关系，促进经济、社会、文化及人类福利等方面的国际合作，制止侵略行为等。联合国的主要机构有大会、安全理事会、经济及社会理事会、托管理事会、国际法院、秘书处。总部设在纽约，正式语言为中、英、法、俄、西、阿拉伯6种。创始会员国51个，到2001年已有会员国189个。中国是联合国的创始会员国。

联合国教育、科学及文化组织

联合国教育、科学及文化组织是联合国的专门机构之一，1946年11月4日成立，总部设在巴黎。其宗旨是：推动各国间的教育、科学及文化方面合作，以促进对正义、法治及联合国宪章所确认的全人类不分种族、性别、语言或宗教，均享有人权与基本自由的普遍尊重，以期对和平与安全作出贡献。我国是联合国教科文组织的创始国之一。1971年10月29日，该组织执行局第八十八届会议通过决议，承认中华人民共和国的代表是中国唯一合法的代表。该组织出版了《联合国教科文组织纪要》《联合国教科文组织信使》等刊物。

联合国人权委员会

联合国人权委员会于 1946 年根据《联合国宪章》成立，是联合国内处理一切有关人权事务的主要机构。委员会现由 43 个成员国的代表组成，代表经选举产生，任期 3 年。每年举行为期 6 周的会议，只有委员会或其副代表才有表决权。联合国人权委员会曾负责起草了《世界人权宣言》《经济、社会和文化权利国际公约》《公民权利和政治权利国际公约》等著名文献。其所进行的大量人权方面的工作包括它的理论和实践，使得联合国组织在人权领域内涉足更深、更具体，并且加快了人权问题国际化的步伐，为世界范围内的人权进步作出了贡献。

CHARTER OF THE UNITED NATIONS

AND

STATUTE OF THE

INTERNATIONAL COURT OF JUSTICE

SAN FRANCISCO · 1945

欧洲人权委员会

欧洲人权委员会是欧洲理事会下属的保护人权机构，1955 年根据《欧洲人权公约》成立。其宗旨是保证《欧洲人权公约》缔约国遵守在公约中所承担的义务，根据《欧洲人权公约》受理缔约国对其他缔约国破坏公约规定的任何指控。委员会必须调查和确认事实，为当事各方效力，以便在尊重公约所列举的人权的基础上使问题得到友好解决。欧洲人权委员会由与理事会成员国相同数量的委员组成。他们由部长委员会从咨询秘书处提出的名单中以绝对多数票选出。委员凭个人的能力和才干当选，任期六年，以个人身份参与委员会工作，不代表本国政府。

国际人权联盟

国际人权联盟于 1951 年成立，总部设在美国纽约，宗旨是保证实施 1948 年联合国通过的《世界人权宣言》和国际人权公约制定的政治、经济和社会权利。主要致力于制定和发展国际人权的基本标准，并努力促使它们在实际中得到应用和推广，以促进人类政治、种族、宗教和民事权利的公正和平等。尤其关注世界各地发生的大规模侵犯和践踏人权的情况。它通过在其月刊《人权公报》上发表人权特别报告和向有关国家政府和国际机构呈送材料，来引起世人和有关当局对人权问题的注意；有时还与有关政府直接交涉。多年来，它做了大量工作，促进了世界人权的进步。

世界卫生组织

1948 年 4 月 7 日，纽约国际卫生大会通过的《世界卫生组织法》正式生效，世界卫生组织成立，成为从事国际卫生工作的联合国专门机构，总部设在瑞士日内瓦。宗旨是：使全世界人民获得更高可能水平的健康，并以此为目标开展相关方面的工作。其主要机构是世界卫生大会、执行委员会、秘书处和六个区域委员会。其大部分活动是由非洲、美洲、欧洲、东地中海、东南亚和西太平洋这六个区域委员会分散进行的。它对世界所有国家开放。中国是其创始国之一。世界卫生组织通过自己的一系列活动，在消除疾病、给人民提供基本卫生保健方面取得了重大成就。

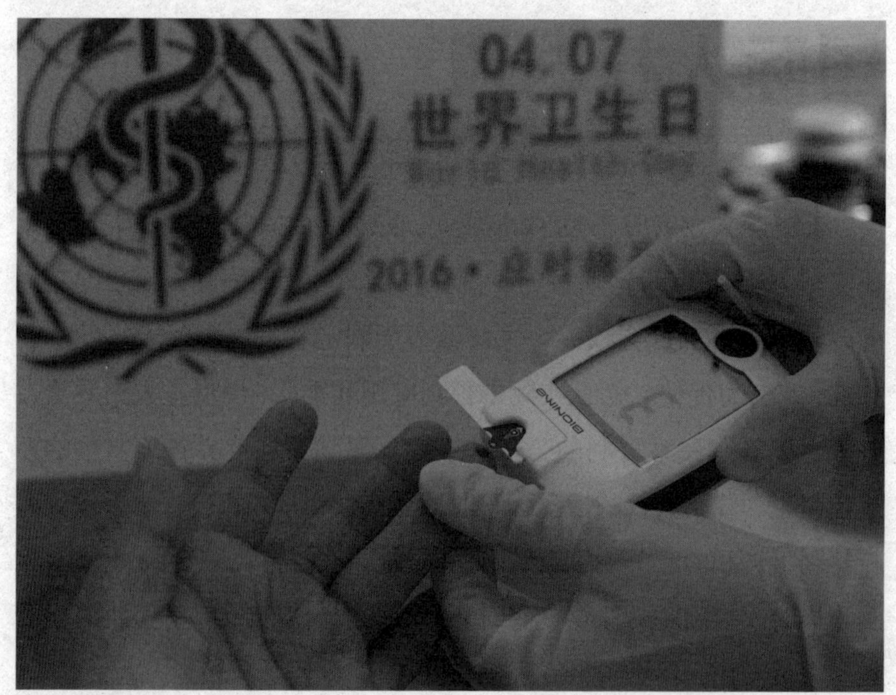

红十字国际委员会

红十字国际委员会初名“伤兵救护国际委员会”由瑞士的迪南等人在 1863 年 2 月创立，是一个独立的国际非政府组织，总部设在日内瓦。红十字国际委员会在政治、意识形态和宗教方面保持中立。作为民间组织，委员会一贯致力于发展国际人道主义法，促进对日内瓦公约的了解和传播，以救护伤病员、战俘和平民等国际活动为中心。它还有广泛的出版计划，出资出版有关其工作、国际人道主义法及人权方面的书刊和宣传品。由于其出色的人道主义工作，红十字国际委员会于 1917 年、1944 年、1963 年三次获得诺贝尔和平奖。

国际劳工组织

国际劳工组织是根据1919年的《国际劳工组织章程》而成立的。作为一个自主的、常设的政府间组织，其目的是通过各种世界范围的活动以达到充分就业和生活水准的提高，确保教育和职业机会的平等等目标。内部机构主要是大会、理事会和国际劳工局。作为国际机构的国际劳工组织不仅是政府机构职能的延伸，也是得以反映各种社会力量意见的最先成立的组织。国际劳工组织确定了接触人民、动员舆论从而影响政府决策的方法但又不损害会员国的主权。在世界人权保护运动中，国际劳工组织开展了许多富有意义的工作，作出了较大贡献。

《欧洲人权公约》

《欧洲人权公约》正式名称为《保障人权和基本自由公约》，1950年11月4日签订于罗马，1953年9月3日正式生效。该公约保障公民的生命权不得被随意剥夺；禁止虐待、不人道或侮辱性的待遇或惩罚；禁止奴隶制，保障人身自由和人身安全；保障思想、意识、宗教自由；保障议论及信仰自由等。《欧洲人权公约》作为世界上第一个区域性的人权公约，率先将人权问题以国际公约的形式提到国际高度，并建立了一整套对缔约国的人权状况进行国际监督甚至审理的有效机制，这在人权发展史上是一个重大转折。

《发展权利宣言》

《发展权利宣言》是联合国将发展权确认为一项不可剥夺的人权的重要国际文件，1986 年 12 月 4 日第 41 届联大通过，包括序言和 10 条正文。《发展权利宣言》宣布："发展权是一项不可剥夺的人权，由于这种权利，每个人和所有各国人民均有权参与、促进并享受经济、社会、文化和政治发展，在这种发展中，所有人权和基本自由都能获得充分实现。"它把发展权作为一项重要人权予以肯定，这是民族自决权确立之后对西方个人人权概念的又一次重大突破，反映了广大发展中国家对人权构成、人权保护的新的理解，为国际人权运动的发展提供了新的方向和内容。

维也纳宣言和行动纲领

1993 年6月14日至25日，世界人权大会在维也纳召开，并通过了《维也纳宣言和行动纲领》（以下简称《宣言》）。《宣言》由3个部分共139段组成，承认并肯定一切人权都源于人类固有的尊严和价值，促进和保护所有的人权和基本自由必须按照《联合国宪章》的宗旨和原则。在发展权和民族自决权问题上，重申发展权也是基本人权的一个组成部分，所有民族都拥有自决的权利，自由地追求自己的经济、社会和文化的发展。《宣言》提出的具体任务和行动纲领为各国在今后一个时期内开展国际合作，共同实现《联合国宪章》中所规定的保护人权和自由的目标奠定了基础。

柏林墙的倒塌

柏林墙的倒塌指德意志民主共和国和德意志联邦共和国的统一。第二次世界大战后，由于美、苏、英、法四大战胜国的分区占领，导致了历史上统一的德国分裂为两个国家。长期以来，整个德意志民族渴望统一。20 世纪 70 年代初，两德关系开始发展，经济贸易和政治往来日益频繁。1981 年，联邦德国总理施密特访问民主德国。1987 年 9 月，民主德国领导人昂纳克回访联邦德国。1989 年 11 月 9 日，东德宣布开放柏林墙和东西德边界。1990 年 4 月 24 日，两德宣布建立经济、货币和社会联盟，实现经济统一。1990 年 10 月 3 日，东德以五个州的形式正式加入西德，实现了两德统一。

和平演变

从20世纪50年代开始，西方反共势力在对社会主义国家实行军事威胁和武力颠覆的计划受挫以后，改而实行“和平演变”的战略。50年代初任美国国务卿的杜勒斯是这一战略的主要制订者。所谓和平演变，就是以强大的军事实力为后盾，更多地运用政治、思想和经济手段，对社会主义国家进行经济、政治和思想文化的渗透，促使社会主义国家“从内部解体”，复辟资本主义制度。和平演变的策略手段主要包括：一是重视意识形态力量，加强心战攻势；二是利用经济援助、技术转让等手段；三是把缓和东西方紧张关系作为实施和平演变的一个重要策略手段。

布尔什维克和孟什维克

1903 年 7 月，俄国社会民主工党召开第二次代表大会，在选举党中央委员会和党机关报《火星报》编辑部时，拥护列宁的占多数，被称为布尔什维克；马尔托夫派占少数，被称为孟什维克。布尔什维克的形成标志着列宁主义的诞生。1912 年，俄国社会民主工党布拉格代表会议上把孟什维克开除出党，布尔什维克成为独立的无产阶级政党，称为俄国社会民主工党（布尔什维克），并于 1952 年改名为苏联共产党。后来孟什维克逐渐发展成代表小资产阶级思潮的机会主义派别，反对十月革命和苏维埃政权，被镇压消灭。

《国际歌》

《国际歌》由鲍狄埃作词，狄盖特作曲。词是1871年巴黎公社失败后所作，原名《国际工人联盟》，1887年刊登于《革命歌集》中。工人业余音乐家狄盖特为这首词谱曲。1887年7月在一次工人集会上演唱，大受欢迎。从此，《国际歌》成为一首无产阶级的战歌。1910年由瞿秋白译为中文。这首歌曲是分节歌，歌词三段，最后副歌的歌词只有一段。歌曲的前部分是由四个较长的乐句构成，旋律雄伟庄严；后部分副歌是全曲的高潮，表现了无产阶级团结起来，实现共产主义的革命气概。歌词中“英特纳雄耐尔”一词是音译，意思是“国际共产主义的理想”。

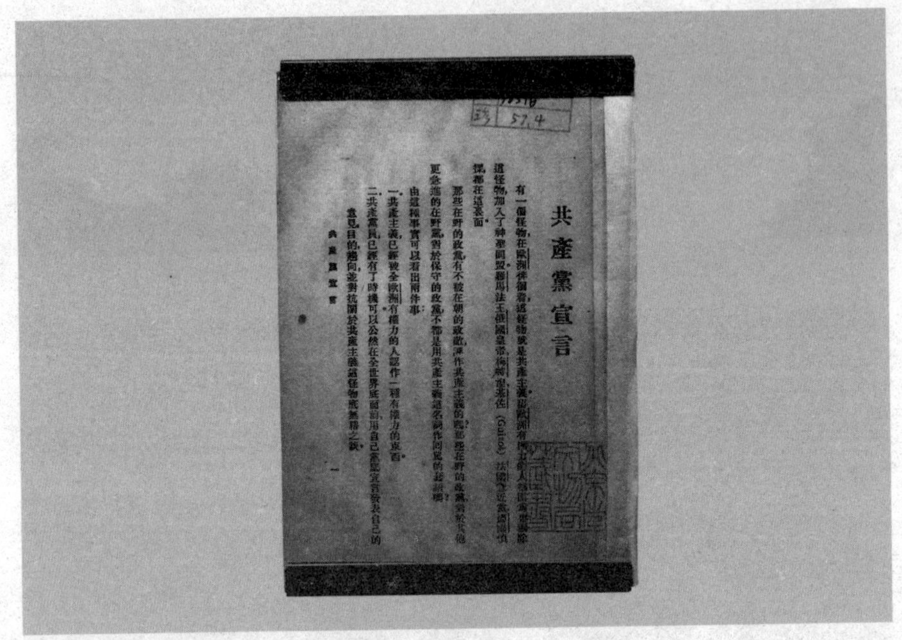

共產黨宣言

有一個怪物，在歐洲徘徊着，這怪物就是共產主義。歐洲有[illegible]

這怪物，加入了神聖同盟。羅馬法王、俄國皇帝、梅特涅、基佐（Guizot）、法國[illegible]

探，都在這裏面。

那些在野的政黨，有不被在朝的政敵，評作共產主義的麼？那些在野的政黨，對於其他更急進的在野黨，對於保守的政黨，不都是用共產主義這名詞作回罵的話柄麼？

由這種事實可以看出兩件事：

一、共產主義，已經被全歐洲有權力的人認作一種有權力的東西。

二、共產黨員，已經有了時機可以公然在全世界底面前，用自己黨底宣言發表自己的意見，目的，趨向，並對抗關於共產主義這怪物底無稽之談。

共產黨宣言　一

《共产党宣言》

《共产党宣言》（以下简称《宣言》）是马克思和恩格斯为共产主义者同盟起草的纲领，写于1847年12月至1848年1月。该书阐明了马克思主义的基本思想、无产阶级肩负的伟大历史使命、马克思主义关于无产阶级专政等思想。《宣言》还论述了无产阶级政党的性质和任务，发出了“全世界无产者，联合起来！”的战斗号召。《宣言》是国际共产主义运动的第一个纲领性文献，也是阐述马克思主义世界观的纲领性文献。它的发表标志马克思主义及其哲学的公开问世，并成为无产阶级为争取解放而斗争的指南。恩格斯指出，《宣言》是全部社会主义文献中传布最广和最具国际性的著作。

共产主义运动

共产主义运动是在共产主义思想指导下，为最终实现共产主义的社会制度而进行的社会实践。共产主义作为世界范围内的运动，是从马克思和恩格斯创立共产主义者同盟开始的。马克思主义是共产主义运动的指导思想。各国的无产阶级政党是各国共产主义运动的组织者和领导者。苏联十月革命的成功以及东欧各国、中国和亚洲一些国家社会主义革命的成功，标志着共产主义运动取得了巨大的发展和胜利。

和平主义

和平主义又称“非战主义”。广义包括非暴力运动和不抵抗运动，狭义则专指主张建立永久和平、反对一切战争的思想。近代的和平主义开始于19世纪初期。和平主义是一种信仰，它认为无论战争的理由是如何地好，一切战争都是错误的。这种信仰往往以宗教信仰为基础，但也有着人本主义和政治上的根源。1815年，第一个和平主义者组织在美国纽约成立。次年在伦敦也成立了类似的组织。1948年，第一次世界和平主义者大会在布鲁塞尔举行。此后又陆续举行过几次大会，提出了制止战争，裁减军备，组织国际法庭解决国际争端等内容。

种族隔离

种族隔离是南非历史上一种将白人和黑人隔离开来的政策。其基础是根据种族来区分人之间的优劣，实质上反映了“白人优越”。1948 年，南非国民党执政，种族隔离开始成为官方政策。根据该政策，黑人既没有投票权，也不能入选中央议会，黑人在国家政治中的权利受到严格限制；禁止白人和非白人通婚，在城市建立白人和非白人的生活区，把中小学、大学、交通工具、图书馆、影剧院分开；在经济上对黑人实行隔离和歧视措施；黑人不准从事某些职业；在财产权利方面对黑人进行虐待；用国内护照制度控制黑人的迁徙。这个侵犯人权的政策受到了众多国家的谴责。

种族政策的结束

1980 年以来，对种族歧视和种族隔离政策的抱怨情绪在南非国内外日益高涨。1985 年，由于新的种族暴力和黑人领袖空前的批评，南非政局动荡不安。博塔总统不顾日益增长的黑人抗议和国内外要求和解的呼声，拒绝让步。1989 年，白人总统德克勒克采取与非洲人的对话路线。1990 年 2 月，他宣布非洲人国民大会（ANC）、南非、非洲人国民会议（PAC）、南非共产党等 30 多个政治集团合法化，释放非洲人国民大会的领导人纳尔逊·曼德拉。后来又废除了有关种族歧视政策的法律。南非以及世界上的种族歧视和种族隔离体制从此宣告结束。

曼德拉

曼德拉（1918—2013），1990年2月11日，在南非国家监狱坐牢27年之后，南非人反对种族隔离政策的国际性代表人物纳尔逊·曼德拉被释放。71岁的他站在开普敦市政厅的阳台上，向满怀期待的人民发表了动人心魄的演说。“万岁！万岁！非洲属于我们！”他赞扬了那些反对种族隔离政策运动的英雄们，鼓励他们继续奋斗，并嘉许释放他的总统德克勒克。1994年，南非举行全国大选，黑人第一次获得了选举权，曼德拉大获全胜。这场选举象征着民主在南非这块曾经饱受不公正、残暴和种族迫害的土地上诞生，象征着一个英雄为对抗种族制度而长期奋斗所取得的最后胜利。

马丁·路德·金

马丁·路德·金（1929—1968）出生在佐治亚州亚特兰大市，曾在波士顿大学获得博士学位，后担任浸礼教牧师，主张非暴力的和平抗议。他是美国黑人运动的著名领袖，被称为“权利的守护者”。1963 年，他在亚拉巴马州伯明翰发动的非暴力运动唤起了美国人对种族主义的意识。8 月，他和其他民权运动领导人带领美国人到华盛顿游行。在林肯纪念碑的花岗岩台阶上，金发表了《我有一个梦》的著名演说，成为民权运动的卓越典范。1964 年，黑人解放运动被承认，金获得诺贝尔和平奖。1968 年 4 月 4 日，金被暗杀，这使得美国 192 个城市发生抗议示威活动。

民权运动

在美国，黑人长期受到种族歧视，享受不到正常的民主权利。黑人争取自由、平等和反种族歧视的斗争从来没有间断过。1945 年，最高法院对布朗控告托佩卡地方教育局案作出历史性判决，宣布在公共教育方面实行“隔离但平等”的原则违宪。1955 年，蒙哥马利市的黑人展开了反对公共汽车隔离乘车规定的运动。1957 年后，一些地方出现了公立学校阻止黑人入学的事件……黑人在马丁·路德·金等民权运动领袖的领导下，进行了一系列的游行、静坐、示威等抗议活动，争取黑人的权利。斗争取得了一些胜利，但是没能从根本上改变黑人的社会地位和状况。

世界人权日

1946 年联合国经社理事会成立了以富兰克林·罗斯福夫人为主席的人权委员会。人权委员会在 1947 年和 1948 年起草了《世界人权宣言》。1948 年 12 月 10 日，联合国大会通过了《世界人权宣言》。1950 年联合国规定每年 12 月 10 日为“人权日”。1968 年（世界人权宣言通过 20 周年）被联合国定为“国际人权年”。

自由主义

自由主义是19世纪初开始出现的一种政治思潮，反映资产阶级政权确立以后的要求，着重于维护和论证公民自由。按照资产阶级的理解，公民自由就是个人谋求私利的主动精神、经营企业和订立合同的自由，就是言论和出版的自由。他们主张，国家应该保障人身和私有制的安全，维护以公民自由为基础的社会，特别强调“国家不干涉经济生活”。主要代表人物：早期有法国的本扎曼·孔斯旦、英国的边沁，稍后有英国的约翰·穆勒，到19世纪末20世纪初有法国的埃斯曼、德国的埃林涅克等。

第二章
社会的忧思

人类只有一个地球，可地球已经被人类的活动糟蹋得千疮百孔、疲惫不堪。大气污染、水体污染、资源匮乏等，每一样都深深困扰着今天的人类。人类之间永无休止的对抗、争夺、仇恨、伤害，都是人类自己酿下的苦酒，人类将为自己的行为承担责任、付出代价。

珍惜地球

在漫漫的宇宙中，是地球养育了人类，提供了人类生存和发展的一切资源。然而人类却在破坏地球。人类凭借自己发达的理性和聪明的头脑，凭借科学和技术主宰了地球。可是人们还没有来得及为这些所谓的胜利和成绩欢呼太久，还没有尽情享受所谓的繁荣和富裕，便发现自己已经把地球、同时也把自身推向地狱。几个世纪来，人类对地球的无情索取已经造成了灾难性的后果：森林锐减、土地沙漠化、生物灭绝、矿产资源枯竭、大气污染、水体污染、酸雨、臭氧层破坏等，每一样都能将人类推向毁灭的不归路。

局促的土地

在地球上，陆地面积仅占 1/3，其中 14% 为终年的积雪区和冻土区，20% 为沙漠区，16% 为高山峻岭，21% 为土质和气候恶劣的荒原，15% 是草原牧区，再除去住宅和其他人类占用的土地，真正用于农作物耕种的土地仅仅占地球陆地面积的 8% 左右。据统计，地球上共有可耕地 32 万亿平方米，人均 2800 平方米。而且这些耕地还呈不平衡分布状态，到 2025 年，世界人均耕地将从 2800 平方米下降到 1700 平方米。

土壤退化

人类所能够利用的土地是非常有限的。因为人类对土地的掠夺性开垦，致使土地失去肥力最高的土壤，以致土壤贫瘠而不能耕种，甚至不得不放弃，这就是土壤退化。造成土壤退化的首要原因是过度放牧和过度耕种，其次是土壤的盐碱化，再就是大量砍伐森林。近几十年来，世界人口剧增，人类为了满足对粮食和其他农产品的需要大规模毁林开荒，扩大耕地，发展畜牧业，对土地采取了“杀鸡取卵”式的过度经营，再加上过度的农药化肥施用和工业污染，造成了土壤退化。

水土流失

水土流失是土壤退化的主要原因之一，已经成为一个全球性的问题。如果得不到有效的遏制，将严重削减土壤的生产能力，恶化当前世界面临的粮食危机，威胁人类未来的生产、生活乃至生存。据调查，全世界现有耕地每年表层土壤的流失量大约是 250 亿吨，损失的肥料约达数千万吨。要知道，每 1 万平方米土地每年只能形成 3.75 吨表土，形成 1 厘米表土平均要 100 余年。如此下去，要不了 100 年，世界耕地的表层土壤将消失殆尽。

两条沙漠带

从太空鸟瞰地球，人们能够发现地球被两条黄色的带子盘绕着：在北半球，从中亚起，经中东、北非直到美国西部大陆；在南半球，从澳大利亚起，经非洲南部直到南美洲的西部和东南部。这就是困扰当今人类的两条沙漠带。从 1984 年到 1991 年，全球沙漠化土地从 3475 万平方千米发展到 3592 万平方千米，增加了 3.4%，占全球陆地面积的 1/4，几乎等于俄罗斯、加拿大、美国和中国四大国国土面积的总和。沙漠正以每年 6 万平方千米的速度增加，半沙漠化地区每年增加 4 万平方千米。其造成的损失约为每年 423 亿美元。

荒漠化

目前全球有 9 亿人口受到荒漠化的影响，其中一半左右的人居住在沙漠危害严重的地区。占全球 2/3 的 100 多个国家和地区受到荒漠化的危害，其中非洲 55% 的土地面积为沙漠，北美洲有 19%，南美洲有 10%，亚洲有 34%，澳大利亚则高达 75%；全球陆地面积占 60%，其中荒漠化面积 29%。全球共有干旱和半干旱土地 0.5 亿平方千米，其中 0.33 亿平方千米遭到荒漠化的威胁。这致使每年有 6 万平方千米农田和 9 万平方千米牧区失去生产能力。

中国的耕地

中国的耕地有 127.601 万平方千米，约占世界耕地总面积的 7%，但却要养活世界总人口的 22%。1957 年至 1995 年，中国共减少耕地 24 万多平方千米，约占耕地面积的 18%。1957 年是中国人均耕地面积最多的年份，人均耕地 1900 平方米。而到了 1995 年，人均耕地面积不足 800 平方米。目前，围绕国家粮食安全，自然资源部推出一系列改革措施，全面压实耕地保护责任，坚决遏制耕地“非农化”、有效防止“非粮化”。

中国水情况

中国是世界十三个贫水国家之一。2000 年中国大部分地区降雨量持续偏少，华北等地区经受了严重的干旱。这次严重的旱灾造成了中国 2066.7 亿平方米农田受旱，1770 万人饮用水发生困难。据水利部推测，到 2030 年，中国缺水将达到 400 亿～ 500 亿立方米，水资源的短缺将成为严重阻碍中国经济和社会发展的首要因素。虽然中国的水资源不会耗尽，但在局部地区，如果使用不当，则会出现耗尽的恶果。

全球水危机

在 20世纪末，全球淡水实际利用的数量大约为每年3000亿立方米，占可利用总量的1/3。自19世纪以来，尼罗河、恒河、黄河等河流的断流再次向世人拉响了水危机的警报。据统计，目前有100多个国家20多亿人口淡水资源出现危机，10亿人的饮用水不合乎卫生标准，其中29个国家的4.5亿多人口完全生活在缺水状态中。在非洲，因为缺水，有600万人流离失所，1.5亿人面临饥饿的威胁，仅1983年就有160万人死于饥饿和营养不良。在北非、中东和亚洲一些地区，已经有20%的人死于饥饿和营养不良。

净水缺乏的代价

在贫困国家，饮用安全水的人口比重不到30%，有的国家甚至还不到10%，而其中贫困者的景况就更加差了。2001年12月3日，据联合国“净化与供水协商理事会”统计，全球60多亿人口中有11亿人无洁净饮用水，24亿人生活在无净化水设施的环境中。全球每年近300万人因缺少洁净水而死亡，其中3/4是发展中国家的居民。因饮用水不洁而死亡的人中大部分是妇女和儿童。因饮用水不洁引起的腹泻、霍乱、伤寒、痢疾等疾病，每天夺走近6000名儿童的生命。在亚非国家地区，有2亿人感染血吸虫病，病情严重者有近2000万人。

水体污染

江河湖海已经变成了人类毒废弃物的倾泻场，成为工业化生产的牺牲品。由于人类不顾后果地向河流里倾倒大量垃圾，排放污水，使用过量的农药等，全球地表水资源已经遭到了严重的污染，90% 的江河湖泊都被用于排放工业污水，2000 年，全世界污水排放量达 6 万亿吨，其中 30% 已经成为生物绝迹的“死水”。世界卫生组织指出，全球每年至少有 1500 万人死于食用被污染的水而引起疾病。在发展中国家，80% ～ 90% 的疾病和 1/3 以上的死亡者的死因都与受细菌感染或受化学污染的水有关。

水俣病事件

日本水俣镇氮肥厂建立于 1925 年，它终年向河中排放含汞污水。排入水中的汞在微生物的作用下转化为剧毒性甲基汞。甲基汞直接溶入高脂肪的鱼类、贝类和其他生物，人畜饮食之后，甲基汞就会阻碍体内细胞的新陈代谢，造成神经紊乱、言语错乱、视力模糊、精神失常，最后痉挛死去。1950 年，一些猫出现行动反常、步态不稳、肌肉震颤，直到耳聋眼瞎、全身麻木等症状，最后惨痛地死去。1955 年，因此而害病的患者达到 50 多万人，到 1961 年数字达到 87 万。

赤潮

赤潮主要是由水污染造成的。人类排放的工业污水和生活用水里面有许多过剩的氮、磷、有机碳等物质，这样水体将产生富营养化，在适宜的气候和水文条件下，海水中的某些浮游生物、原生动物或者细菌在短时间里爆发增殖或高度聚集的现象，其规模可以覆盖大片的海域，并随海潮蜂拥而动，因其颜色多为红色或砖红色，所以这种生态异常、水体颜色改变的现象被取名为“赤潮”。形成“赤潮”的藻类和浮游生物在繁殖和死亡的过程中，大量消耗水中溶解氧，引起鱼虾、贝类等水中生物的大量死亡。

林木赤字

联合国粮农组织发表的《2001 年世界森林状况》显示，世界林木出现了严重的赤字。森林的年生成量约为 2.6 亿立方米，年采伐量为 2.94 亿～3.4 亿立方米。自 20 世纪 90 年代以来，森林正以每年 16.1 万平方千米的速度减少，相当于比利时、荷兰和瑞士国土的面积总和，年递减率为 0.4%，其中 15.2 万平方千米是热带雨林，年递减率是 0.8%。热带雨林面积每年损失的 15.2 万平方千米中有 14.2 万平方千米毁于乱砍滥伐。有关资料统计，自第二次世界大战以来，地球上的热带森林面积已经减少了一半。非洲的森林覆盖率从 20 世纪初的 60% 减少到目前的 10%，温带地区国家则失去了大部分森林。

热带雨林

据统计，全世界已经有 40% 的热带雨林遭到破坏，对热带雨林的砍伐速度为每年 6.1 万平方千米。如果按这个速度持续下去，热带雨林只需 180 年就可以砍完。比如，有“世界之肺”之称的亚马孙生态区，森林面积 400 万平方千米，雨林占 65%，林区木材总量占世界木材总储量的 45%，生物种类占世界总数的 1/5，淡水资源占世界总量的 18%。然而它正遭受严重的破坏。有数据显示，亚马孙地区每年至少有约 10 万平方千米的森林被砍伐，平均每 8 分钟就有一片面积相当于足球场大小的森林消失。

有限的水

水是生命之源，人体有 70% 的重量是水分。水资源是人和人类社会的根基。然而，在这个号称“水球”的星球上，人类能够加以利用的水资源是非常有限的。地球表面 70.8% 的面积被水覆盖，然而其中 96.53% 的水是海水，到目前为止，人类对它们还无法加以直接利用。在余下的 3.47% 淡水中，又有 87% 是人类难以利用的两极冰盖、高山冰川和永冻地带的冰雪。人类可以直接利用的淡水充其量只占全球水总量的 0.26% 左右，而这些淡水大部分还是地下水。实际上，人类可以从江河湖泊中取用的淡水只占地球水总量的 0.014%。

森林锐减

森林是地球的心肺。森林通过自己的生命活动，为人类的生存繁衍提供生命的能量。它涵养水分，抵御风沙，调节气候，保持水土，保护人类免遭水旱洪涝灾害之苦；它降低噪音，吸滞粉尘、二氧化碳、二氧化硫、氟化氢等多种有害气体……可是近一个时期以来，人类却对森林乱砍滥伐。在今天的地球上，热带雨林正以每年 17 万平方千米的速度消失，全球每周就有 0.5 万平方千米的森林消失。照此下去，不到 50 年，全世界的森林将丧失殆尽。森林锐减，植被必将被破坏，这将导致严重的水土流失、土壤退化、野生动植物资源锐减、自然灾害加重，并最终威胁人类的生存和发展。

草地退化

世界上的大多数草地都有一定程度的退化。亚洲西部是世界上草地退化最为严重的地区。例如伊拉克的草原已经丧失了相当多的原生植物，叙利亚内陆草原的原生植物实际上已经灭绝，也门的草原已经极度退化，约旦的干旱草地板结得非常厉害。中国草地退化面积达20万平方千米，草地产量平均下降30%～50%以上。目前，全国大规模开展国土绿化行动，林草湿地面积稳中有增。

生物灭绝

在恐龙时代，每千年才有一种生物灭绝。16 至 19 世纪间，约每 4 年间有一种生物灭亡。自 20 世纪随着工业文明在全球的扩张，生物的多样性正遭受前所未有的危机。据资料表明，到 2000 年，世界由于毁林，已使全球物种消失了 5% ～ 15%，每年减少的物种达到 1.5 万～ 2 万个，每天平均有 40 ～ 140 种生物物种灭绝。有学者估计，世界上每年至少有 5 万种生物物种灭绝。这种灭绝速度比自然灭绝快 50 ～ 100 倍。在未来的 25 年中，将可能增加到 1000 倍以上。

濒危动物

目前地球上受到威胁的动物至少有 1 万多种，濒临灭绝的哺乳动物有 406 种，鸟类 593 种，爬行动物 209 种，鱼类 242 种，其他低等动物不计其数。20 世纪末，全球现有物种的约 1/5 已经灭绝。其中受到威胁的动物物种有: 亚洲猩猩、犀牛，巴西的猴子、三带犰狳，中国的大熊猫、金丝猴、扬子鳄、白鳍豚、藏羚羊、西伯利亚虎、亚洲黑熊，地中海地区的海豹、非洲象、非洲虎、狼、北美的美洲鹤、日本鹭、西班牙鹰、丹顶鹤、蓝鲸、澳大利亚袋鼠等，都是当今世界濒临灭绝的动物物种。

濒危植物

中国的植物物种资源非常丰富，是世界上植物种类最多的国家之一。中国的高等植物约 3.28 万种，占世界总数的 12%，仅次于巴西和马来西亚。中国特有的植物有万余种，银杉、水杉、水松、金钱松、银杏、水青、香果树等都是中国特有的珍贵树种。而由于人口的增长、经济的压力、生态环境的破坏和不合理的开发，生物多样性的损失非常严重。中国目前约有 5000 种高等植物在近几年处于濒危状态，约占中国高等植物总数的 16%。正式列入国家濒危植物名录的第一批植物就有 354 种。加强对物种资源的保护已经是刻不容缓了。

西双版纳

美丽的西双版纳是中国珍贵的热带雨林区，也是中国最大的动植物种类资源宝库。全国有3万多种植物，西双版纳就占了5000种。全国1/4的陆栖脊椎动物生活在那里，其中鸟类400多种，约占全国总数的1/3。20世纪50年代后期，西双版纳的天然森林每年都以166.7平方千米的速度在消失。原始森林覆盖率从原来的55.5%减少到现在的28%。森林的消失，使得600多种植物的生存受到了威胁，五六百种物种在这一地区绝迹，造成无可挽回的损失。

大气污染

大气污染主要表现为一氧化碳、二氧化硫、铅毒与灰尘等对空气的污染。这些污染主要来自染料燃烧、各种工业生产、交通运输、废物处理过程中向大气排放的有毒物质。全球每年向大气中排放的二氧化碳约有230亿吨，其他污染气体也在大量增加。大气污染是人类健康的“温柔杀手”“无形杀手”，人长期生活在被污染了的空气里，呼吸着有毒的气体，不知不觉中就损害了健康，引发和恶化各种疾病。浓度较高的大气污染还会妨害动植物的生长。

雾锁伦敦

英国的首都伦敦，因为其独特的地理位置，一年约有 200 天都有雾，因而素有“雾都”的称号。然而这却不是什么好消息，而是致命的雾。因为当时伦敦的工厂生产和居民生活都以煤为燃料，而煤烟燃烧过程中释放出的气体二氧化硫含量极高，呼吸一定的量后就损害到健康。1952 年 12 月 4 日，烟雾中毒事件爆发。一群牛成为首当其冲的受害者，在浓烈的烟雾之下死去。几千市民感到胸闷，并产生咳嗽、喉咙痛、呕吐等症状。4 天当中，因此而死亡的人数达到 4000 多人，呼吸道与心脏病患者是平时的 3 倍，4 个月后，仍有 8000 多人陆续死去。

珊瑚礁的灾难

近数十年来，人类对海洋资源的过度开发利用、沿海垦殖和各种海水污染成为珊瑚礁最危险和最主要的“杀手”。全球60%的珊瑚礁面临着被毁坏的威胁。其中一些珊瑚礁已经被毁坏到无法恢复的地步。亚洲东南部的珊瑚礁是世界上拥有最丰富海洋生物物种资源的珊瑚礁，受到的危害也最深最重。东南亚82%的珊瑚礁都受到了中度或高度的生存威胁。在中东、加勒比海和印度洋，这一比例是50%。珊瑚礁的大量死亡会造成两大灾难：一是出现海洋地区的鱼类减少，渔民将面临大规模饥荒；二是失去珊瑚礁保护屏的海岸将更快地被海水吞噬。

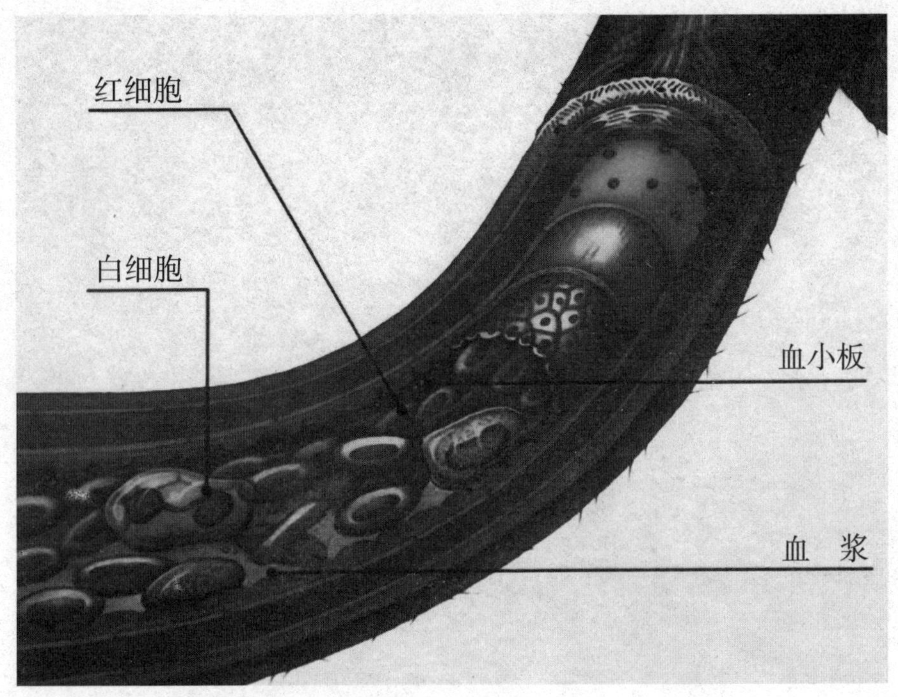

四日事件

第二次世界大战之后，位于日本东海岸的四日市集中了国内大、中、小型石油化工企业。这些工厂每年向空中排放 13 万吨二氧化碳，这些含有有毒的铅、锰、钛等重金属粉尘的毒雾终日弥漫积聚在大气中。其中的粉尘与二氧化硫混合形成的硫酸烟雾，人吸入肺部后会引起支气管炎、支气管哮喘以及肺气肿等多种呼吸道疾病。有毒物质还能进入血液，导致癌症。1961 年，“四日市哮喘病”开始发作，1964 年严重患者开始死亡，1967 年有些患者不堪忍受痛苦而自杀，到 1970 年患者已经达到 5000 多人。据统计，至 1972 年共有患者 6372 人。

切尔诺贝利核泄漏

1986 年 4 月 26 日凌晨，坐落在距苏联乌克兰首府 155 千米外的切尔诺贝利核电站 4 号反应堆连续发生两次剧烈爆炸。重达 4000 吨的钢筋混凝防护板被击穿，溶液和放射性废物像火山一样喷向天空。放射性物质总量为 500 万居里，相当于日本广岛和长崎原子弹爆炸后释放到环境中的放射性物质的 50 倍。这个反应堆 1983 年建成并正式投入使用。这次世界上最严重的核泄漏事故使周围 13 万居民被迫疏散，大量的人畜死亡。带有严重放射性污染的“魔云”随风飘荡，包括欧洲多数国家以及中、美、日等在内的 20 多个国家都受到了不同程度的核污染。

博帕尔事件

博帕尔农药厂是 1969 年美国联合碳化物公司在印度中央邦首府博帕尔市建立的联合农药厂，1984 年 12 月 2 日子夜，农药厂 45 吨的剧毒性甲基异氢酸盐因管理不当而不慎溢散。随着一阵突然响起的尖利刺耳的警报声，一根乳白色的气柱直冲云天，在厂区上空形成了一个巨大的蘑菇状云团，气团迅速膨胀并向四周扩张。毒气则随风向东南扩散，影响的面积达 40 平方千米。致使 20 多万人中毒，3859 人死亡，10 万人终身残疾，其中 5 万多人双目失明，大脑受损者和癌症患者不可胜数。这次毒气泄漏是人类有史以来最惨重的工业事故。

污染的健康代价

环境污染是人类健康的杀手。近几十年来，人们在与心血管病、癌症等各种凶残疾病作斗争的过程中不断发现，很多过去认为病因不明或神秘莫测的疾病并非是由于人们过去所熟悉的细菌、病毒、寄生虫等病因引起，而是与人们所生活的环境条件有很大关系。就癌症而言，一些学者认为，人类癌症的 90% 是由环境因素引起的。其中，严重的大气污染就是致病因素之一。

空中死神——酸雨

酸雨产生的原因是燃烧的煤和石油不断向大气中排放大量污染物，这些有害气体在大气层中进行一系列复杂的化学反应，最终形成硫酸雨和硝酸雾。它除了对各种建筑物、物质材料和人体健康造成严重损害，还破坏生态系统。酸雨最早出现在19世纪中叶的英国，其后相继欧美各国也出现了酸雨现象。中国在20世纪70年代中期也形成过覆盖川、鄂、粤、桂、湘、赣、浙等省区的酸雨区。

酸雨案例

在美国，约有 1000 个湖泊酸化，其中一半以上酸化严重，另有 3000 个湖泊已达酸化边缘。瑞典全国共有 8.5 万个湖泊，其中 1.8 万个湖泊因酸化而使鱼类绝迹或急剧减少，1.4 万个湖泊中水生生物已不可能生存繁殖，2200 个湖泊几乎完全没有了生物的踪迹。加拿大已有 1.4 万个湖泊严重酸化，其中安大略省已经有 4000 个湖泊因酸化严重致使鱼虾绝迹。德国与捷克接壤的厄尔士山脉中的云杉和冷杉原始林有 1/3 被酸雨破坏。欧洲的许多雕塑和建筑艺术珍品正遭受酸雨的侵蚀，渐渐剥落，它们的艺术价值正随着酸雨流逝。

垃圾围城

全世界每年约产生工业废料和生活垃圾450亿吨，由此而产生的固体废物污染问题日趋尖锐，已经成为困扰全世界的环境问题之一。大量的生活和工业垃圾由于缺少处理系统而露天堆放，垃圾围城现象日益严重，成堆的垃圾臭气熏天，病菌滋生，有毒物质污染地表和地下水，严重危害人类健康。目前，全球几乎所有的城市都受到垃圾的困扰。

电磁波污染

信息化时代，从卫星、电视、通信、雷达到工业、交通、科技、医疗、家用电器等，我们的生活与电磁波息息相关。此外地面还有着来自宇宙射线、地磁辐射、天体裂变以及雷电等产生的电磁波。可以说，人类生活在一个电磁波交织的世界里。在我们享受着电磁波带来的巨大的方便时，也不得不接受电磁波造成的污染：当人们长时间接受着相当辐射剂量的电磁波时，就会出现体温升高、烦躁、头晕、疲劳、失眠、记忆力减退、脱发等症状，引发人的生理功能紊乱，造成人体损伤。

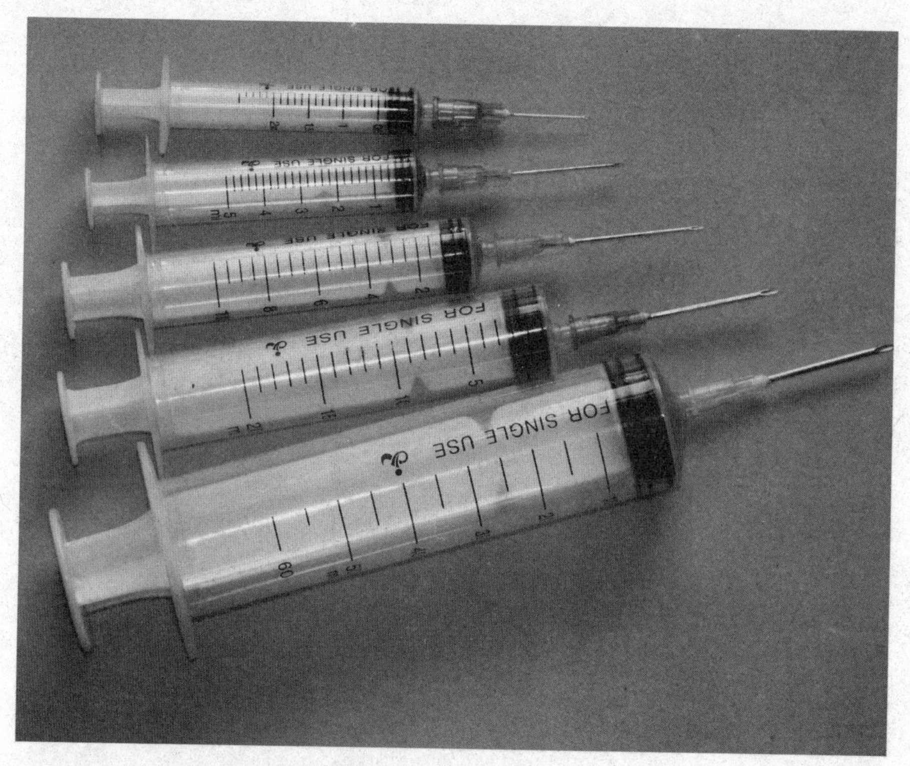

固体废弃物污染

现代社会物质生活水平的提高导致消费观念的根本改变，开始由“节约型”向“方便型”转化，日常抛弃物骤然增多。那些对所有者已经不再具有使用价值而被废弃的固态或者半固态物质通常称为固体废物。其对环境有极大的破坏作用。依据产生的途径和性质而定，固体废物大体可分为：食品垃圾（各种变质食品）、日用品垃圾（废纸、废塑料、废橡胶等）、建筑垃圾（泥土石块、碎砖、废木、混凝土等）、植物垃圾（枯枝败叶等）、危险垃圾（医院垃圾、干电池、日光灯管、杀虫剂包装物、化学品残留物等）。

白色污染

塑料食品包装、一次性发泡塑料餐具的应用，给人类带来了巨大的方便和实惠，然而由于塑料废弃物的管理失控，这些东西已经演变成白色污染，成为许多国家的一大公害。在其出产、销毁或者掩埋过程中，会破坏臭氧层，对人类及动植物的成长和健康造成致命的危害。那些被随手丢弃在铁路沿线、内陆航道、近海海湾的一次性发泡塑料餐具给环境和生态保护带来了潜在的问题。一些漂浮在河道里的塑料废弃物则给水电站造成了巨大的安全隐患和经济损失。

矿产资源枯竭

人类肆无忌惮的开采、挖掘已使全球数量有限的矿物资源濒临枯竭的危险。全球石油总量为 3000 亿吨以上。按 1992 年世界石油生产量的 30.0 亿桶（1 吨＝ 7.35 桶）计算，只能维持 46 年，如按 2015 年的需求量计算，已有资源量即使全部转为探明储量，也只能维持到 2035 年，天然气只能维持 66 年。另外，根据对 43 种重要的非能源矿产统计，其中静态储量在 50 年内枯竭的就有铜、锰、锌、铋、铅、锡汞、金、银、硫、金刚石、石棉、石墨、重晶石、石膏、滑石等。

罗马俱乐部

罗马俱乐部是一个由世界上知识界和科学界的100余名学者组成的讨论人类困境和未来的非政府组织，1972年，他们发表了著名的《增长的极限》的报告。报告提出了增长极限理论，指出：如果世界人口、工业化污染、粮食生产和资源消耗方面以现在的趋势继续下去，这个行星的增长极限将在今后100年中发生。当时正值西方发达国家经济高速增长的“黄金时期”，因而报告的语言被充耳不闻。直到1973年“石油危机”之后，罗马俱乐部的这个报告的论点才引起了世人的高度重视。虽然报告内容显得有些过分悲观，但是这些观点对世界起到了巨大的警示作用。

控制臭氧破坏

1985 年 3 月，20 个国家的代表达成了《关于臭氧层维也纳公约》。1987 年 9 月，在加拿大召开了变化臭氧层国际大会，50 多个国家签署了《关于消耗臭氧层物质的蒙特利尔议定书》，制定了控制措施，确定了控制物质的生产量和消费量。1990 年 6 月又在伦敦召开了第二次缔约国会议，提出了现行控制物质生产量和消费量削减的时间表。根据规定，氟利昂、四氯化碳、溴代烷烃等只允许使用到 1995 年，到 2030 年全部停止使用含氯氟烃制冷剂。目前正在通过改进设备、回收利用、提高利用率、减少损失、寻找替代品等办法来达到目的。

海洋污染

地球上 7/10 的面积是海洋。海洋是地球生命的摇篮。现在它还是地球生态环境最为重要的调控者。海洋每年通过水蒸气向陆地输送的水量大体上和陆地流入海洋的水量相当，而那些不能分解的污物则永远沉积在海洋博大的胸怀中。随着工业化进程的加速，海洋运输业和海洋采油、采矿业的发展，经由各种途径进入海洋的废水、废弃物、溢油、有毒化学肥料、核垃圾等与日俱增，超过了海洋的自我净化能力，从而造成了严重的海洋污染。海洋那迷人的蔚蓝色正在离我们远去。

温室效应

由于工业污染的加剧，大气中二氧化碳等气体的含量迅速增加，在大气中组合成一张无形的“气幕”，使地球变成了一个大暖房，地球表面温度不断增加。这种现象被称之为“温室效应”。研究表明，自工业革命以来，全球气温上升了约 1.1℃。1997 年比 1961 年至 1990 年的平均值高出 0.43℃，成为自 1860 年人类开始记录气温以来平均气温最高的一年。据预测，到 2050 年，地球温度将比现在升高 2.5℃，在未来的 100 年里，地球表面平均温度将有可能上升 5.8℃。

温室效应的后果

温室效应导致全球气候变暖，并带来可怕的全方位后果：冰川消融、南极冰盖解体、海平面上升，还会助长热带疾病的滋生和蔓延，造成生态混乱、物种灭绝、粮食减产、害虫横行、水资源短缺、森林减少、风暴增多、洪水频繁等一系列灾害。其中海平面上升是最为明确的结果。过去的 60 年里，全球海平面年均升高 1.8 毫米，近 10 来，每年以 3.9 毫米的速度升高。如果人类不采取措施，到 2050 年全球海平面将平均升高 30 ～ 50 厘米，世界各地海岸线的 70% 将被海水淹没。

海平面上升

美国华盛顿地球政策研究所的一份报告指出，由于海平面上升，太平洋岛国图瓦卢 1.1 万国民将全部移民到新西兰。这将成为全球第一个因海平面上升而进行全民迁移的国家。当海平面升高 30 ～ 50 厘米时，世界各地海岸线的 70%、美国海岸线的 90% 将被水淹没，印度洋上的马尔代夫共和国、尼罗河三角洲的 1/3、巴基斯坦国土的 1/5 将被海水淹没。美国和荷兰的科学家认为，届时世界上的一些著名城市，如纽约、悉尼、东京、曼谷、威尼斯、上海、大阪、圣彼得堡等许多沿海城市将完全或部分被淹没。我国的海域也将被修改。

自然灾害

生态环境的恶化使得自然灾害也日益严重，往往造成了巨大的经济损失。以我国为例，20 世纪 50 年代，出现的中灾以上自然灾害的频率是 12.5%，60 年代是 42.9%，70 年代为 60%，80 年代是 70%，90 年代是 100%。受灾面积占农作物播种面积的比例由 50 年代的 16.7% 上升到 90 年代的 32%。因为灾害造成的粮食减产量由 50 年代的平均每年 380 万吨，增加到 90 年代的 2300 万吨，占粮食产量的比重由 50 年代的 2.1% 上升到 90 年代的 5%。自然灾害造成的直接经济损失由 50 年代的 480 亿元（1990 年价格）上升到 90 年代上半期的每年 1190 亿元。

绿党

第二次世界大战后，欧洲各国兴起了要求保护生态环境的绿色运动，又叫生态运动，并先后发展出各种绿色团体，直至绿党。绿党之所以自命为“绿”，一是因为它主张维护生态平衡，反对核武器和核能等；二是为了与“红党”“白党”相区别。绿党认为世界是一个整体，人类社会从属于自然界，生态环境具有伦理意义；资本主义社会物质生产的盲目增长和现实社会主义国家的“官僚主义”都必须受到批判；人类应驾驭科学技术的发展；对传统的价值观、幸福观、发展观等进行审视和批判；必须进一步协调人际关系，加强基层民主；反对暴力和战争，维护和平。

绿色和平运动

绿色和平运动是在地球环境日益恶化的背景下兴起的。其力量主要包括欧洲各国的绿党,不以参加直接选举为目标的绿色组织,不参加任何绿色组织的绿色思想的拥护者及与环境问题有关的各种职业人员。他们往往都有强烈的参与意识，在政治上主张自由、平等和直接参与、非暴力；在经济上主张节制人的欲望、提倡节俭；在技术上主张小型的、面向人的技术。他们希望通过自己的活动影响社会党政治、经济、文化和人们的心理，从而改变生态环境状况，并进而改变人们的生活方式。他们组织的一些活动对世界环境保护起到了很重要的推动作用。

绿色产品

绿色代表着生命、清新与美丽。作为一种形象化的说法，绿色产品指那些符合一定环境保护要求的产品和在可持续发展思想指导下设计的产品。它是相对于传统产品而言的。绿色产品基本上就是指那些在其生命周期的全过程中都应符合特定的环境保护要求，对生态环境无害或危害很小、资源利用率很高、能源消耗低的产品。如果说传统产品的生命只有一次的话，绿色产品的生命周期则可以通过最大限度的再生利用实现生命的不断延续，也就是使产品成为可持续产品。绿色产品的开发不单是一个技术问题，还有赖于人们关于财富、消费和享受等观念的改变。

联合国环境与发展大会

1992年6月，在巴西里约热内卢召开了联合国环境与发展大会，183个国家的代表团和70个国际组织的代表出席，102位国家元首或政府首脑到会，共同商讨全球环境和发展战略。会议通过《里约环境与发展宣言》《21世纪议程》等重要文件，签署了《气候变化框架公约》《生物多样性公约》等国际性公约，同时提出了可持续发展战略的思想。这是联合国成立以来规模最大、人数最多、筹备时间最长、影响最深远的一次国际会议，是人类环境与发展史上的一次盛会，是人类转变传统发展模式和生活方式、走可持续发展道路的一个里程碑。

《21 世纪议程》

《21 世纪议程》是 1992 年联合国环境与发展大会通过的重要文件。它是一个广泛的行动计划，提供了迈向 21 世纪的可持续发展转变的行动蓝图，涉及与地球发展有关的所有领域。其基本思想是：人类正处在历史的关键时刻，我们面对着国家之间和国家内部长期存在的贫富悬殊问题、不断加剧的贫困、饥饿、疾病和文盲问题以及人类福利所依赖的生态环境的持续恶化。只有高度重视并综合处理这些问题，才能创造一个更加安全、繁荣的未来。全文 40 余万字，分序言、正文四篇共 40 章。之后，联合国和世界各国都做了大量工作，贯彻和实施《21 世纪议程》的行动计划。

可持续发展的历史

美国女生物学家雷切尔·卡森发表了引起巨大轰动的环境科普著作《寂静的春天》，在全世界范围引发了人类关于发展观念的讨论。1972 年美国学者的《只有一个地球》的著作，推进了人类与环境的认识。同年，罗马俱乐部《增长的极限》的报告明确提出了“持续增长”和“合理持久的均衡发展”的概念。1987 年世界环境与发展委员会发表《我们共同的未来》报告，第一次正式阐述了可持续发展概念。1992 年举行的联合国环境与发展大会明确把发展和环境密切联系在一起，响亮地提出了可持续发展战略，并将之付诸全球的行动。

可持续发展

可持续发展即是“在满足当代人类需求的同时，不损害人类后代满足其自身需求的能力”，指经济、社会、资源和环境保护协调发展是一个密不可分的系统，既要发展经济，又要保护好人类赖以生存的大气、淡水、海洋、土地、森林等自然资源和环境，使子孙后代能够永续发展和安居乐业。它包括经济、社会和生态的可持续发展三个基本内容。经济的可持续发展主要是指满足人类需求能力的提高和物质财富的扩大；社会的可持续发展是指控制人口和实现人的发展以及解决贫富分化问题；生态的可持续发展指保护生物和维持生态系统的健康发展。

《京都议定书》

1997年12月，在日本京都召开的联合国《气候变化框架公约》缔约方第三次大会上，通过了《京都议定书》。这一具有法律效力的文件规定，39个工业化国家在2008—2012年之间，38个主要工业国的二氧化碳等6种温室气体排放量需在1990年的水平上平均削减6%。其他缔约方也各有减排比例。这是人类有史以来旨在通过控制自身行动以减少对气候变化影响的第一个国际文件，也是人类对工业化造成的生存环境恶化的理性反思和寻求可持续发展之路的积极行动。

《我们共同的未来》

从1984年起，在挪威首相布伦特兰夫人的主持下，世界环境和发展委员会的22名代表经过900天的工作，于1987年向联合国提交了《我们共同的未来》的报告，也叫《布伦特兰报告》。报告指出了人类面临的一系列生态环境和发展问题，世界是一个整体，“从一个地球到一个世界”，“我们要么一起成功，要么一起失败”，还以创新的精神提出了一些政策措施。报告在1987年4月出版，当年12月经联合国第42届大会通过，成为联合国以及全世界在环境保护和经济发展方面带有指导性的纲领性文件，也是关于人类未来发展战略的重要文献。

倒置的金字塔之世界篇

1998 年 5 月，世界卫生组织的报告说，到 2025 年，全球人均寿命将由目前的 66 岁提高到 73 岁，有 26 个国家的人均寿命将达到 80 岁，其中爱尔兰、意大利、日本和瑞典的人均寿命更是高达 82 岁。同时，人口老龄化在全球，尤其是在发达国家将日益严重。按照国际人口组织的划分，老龄人口比例超过 7%，便属于人口老龄化开始。目前发达国家平均每 5 个人中就有一人超过 60 岁，到 2050 年，每 3 人中就有一位老人。

9•11 事件

2001 年 9 月 11 日，世界会记住这一天，美国更会记住这一天。美国东部时间 9 月 11 日 8 时 50 分，一架载有 92 名乘客和机组人员的客机撞击作为纽约最高建筑物和纽约市象征的世界贸易中心的北塔后发生爆炸。9 时 08 分，距离北塔被撞爆炸仅仅 18 分钟，一架载有 64 人的客机撞向世界贸易中心的南塔，引发爆炸。这次恐怖袭击造成的死亡和失踪人数近 6000 人，造成的经济损失超过 1 万亿美元，对美国经济乃至全球经济产生了恶劣的影响，再次凸现了恐怖活动对人类社会的巨大危害。

世界裁军运动

为促进公众对裁军的支持，第三届专门讨论裁军问题的联合国大会特别会议于 1982 年 6 月 7 日开展世界裁军运动。该运动由联合国主持，目标是向世界公众传播有关裁军问题的新闻和意见，以及有关军备竞赛和战争，特别是核战争危险的新闻和意见，使他们理解和支持联合国在裁军领域内的各项指标，为此目的联合国通过其新闻中心、开发计划署各个办事处等机构广泛散发关于上述内容的出版物，并组织和鼓励各国的政府官员、专家、学者和新闻界人士就裁军进行交流。运动的经费来自联合国的财政资源和一些国家及非政府组织的自愿捐助。

五十六届联大儿童特别会议

儿童是世界的未来。但是，目前世界上有数百万儿童仍在遭受饥饿、疾病、贫困和暴力的折磨，世界性的环境问题和社会问题，比如犯罪、吸毒、艾滋病、温室效应等不仅困扰和伤害着这个世界的成年人，也伤害着无数幼小的生命。无辜的孩子没有制造罪恶，却要承担这个世界的罪恶，这对他们是不公平的。2002 年 5 月 8 日，13 岁的玻利维亚女孩加夫列拉 · 阿列塔在五十六届联合国大会儿童特别会议上发言，代表全世界的儿童呼吁建设一个更加适宜于儿童生存的世界。这是首位在联大历史上发言的儿童。这是联合国历史上首次为儿童召开的特别会议。

贫富差距

世界的财富在急剧增加，但贫富的差距也在不断加剧。2001年5月，有49个国家参加了联合国举行的第三次世界上最不发达国家会议。贫富差距的事实是：这49个国家共有人口6.3亿，占世界人口的10%，但其收入却低于世界总收入的1%以下；这些国家的人均国内生产总值只有235美元，而世界发达国家的这一数字是2.5万美元。世界上三个顶级富豪的财产比49个最不发达国家的年国内生产总值还要多；世界上225个巨富的财产总和多达1万亿美元，相当于世界一半人口年收入的总和。也就是说，一个巨富可发1300万人一年的工资。

饥饿问题

现代物质文明的繁荣外表，掩盖不了这个世界存在饥饿的事实：有人挣扎在饥饿的边缘，正做着属于面包的梦。1970 年，世界饥饿人口为 9.6 亿。世界粮农组织 2000 年公布的一份世界粮食状况报告指出，全球目前处于饥饿状态的人口高达 8.26 亿，占世界人口总数的 13%，其中有 7.92 亿分布在发展中国家，占发展中国家人口总数的 1/5，3400 万分布在发达国家。引人注目的是，在发展中国家营养不良人口中，10 岁以下的儿童就有 1.8 亿。在非洲，约有 1/3 的儿童长期营养不良，而全世界每年有 600 万学龄前儿童因饥饿而夭折。